REISEZIEL
MUSEUM

DIE
WARTBURG
EISENACH

EDITION LEIPZIG

GRUNDRISS DER ANLAGE

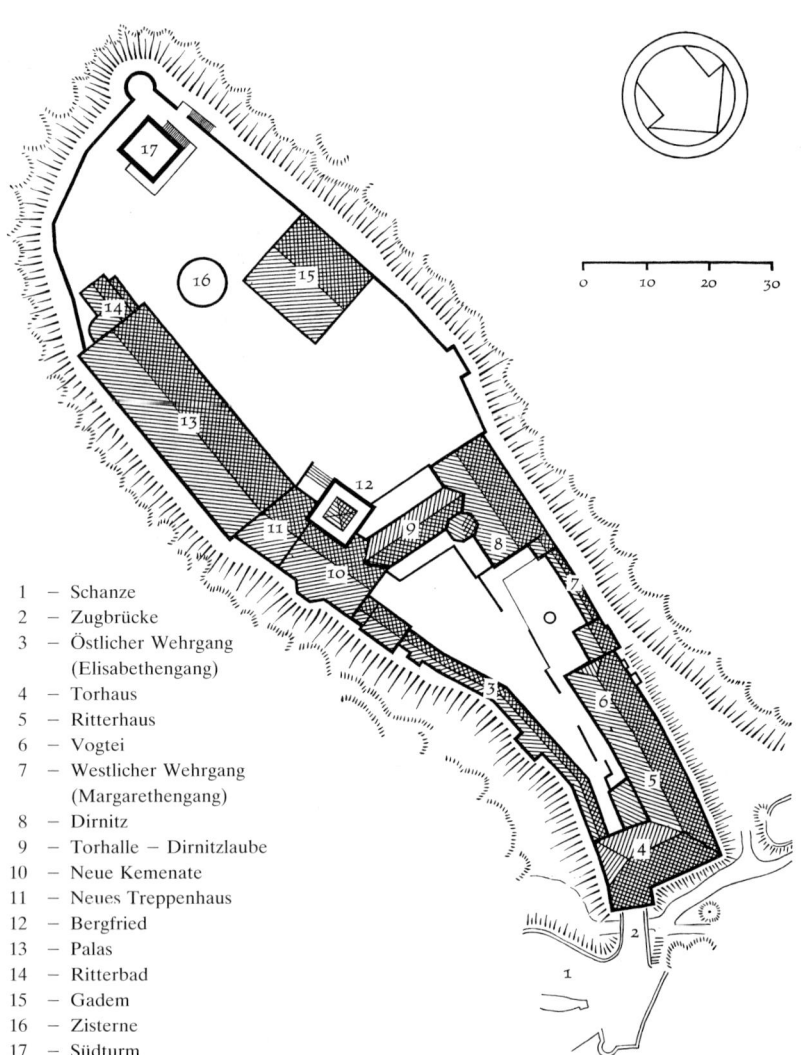

1 — Schanze
2 — Zugbrücke
3 — Östlicher Wehrgang
       (Elisabethengang)
4 — Torhaus
5 — Ritterhaus
6 — Vogtei
7 — Westlicher Wehrgang
       (Margarethengang)
8 — Dirnitz
9 — Torhalle — Dirnitzlaube
10 — Neue Kemenate
11 — Neues Treppenhaus
12 — Bergfried
13 — Palas
14 — Ritterbad
15 — Gadem
16 — Zisterne
17 — Südturm

WAS MAN WISSEN SOLLTE

Adresse: Wartburg-Stiftung
Auf der Wartburg
Eisenach
DDR 5900
Telefon 3001, 3002, 3003

Öffnungszeiten: Sommer (1.3.−31.10.) täglich 8.30 − 17.30 Uhr
Winter (1.11.−28.2.) täglich 8.30 − 17.00 Uhr

Anfahrt: von Eisenach (Zentrum) in Richtung
Meiningen (Wartburg ist ausgeschildert)

Führungen: nach Bedarf alle 5 Minuten, spätestens halbstündlich
Sommer 8.30 − 16.00 Uhr
Winter 9.00 − 15.30 Uhr
Tonbandführungen für ausländische Gruppen
Führungsanmeldung von Reisegruppen über
Eisenach-Information

Informationen: Bücher (eigene Schriftenreihe)
Postkarten
Souvenirs

Veranstaltungen: Wartburgkonzerte im Festsaal (Anrecht)
Orgelkonzerte
evangelische und katholische Gottesdienste

Fotografieren: in den Räumen mit Genehmigung

Eintritt: wird erhoben

Gaststätten: Burgcafé
Hotel auf der Wartburg mit öffentlichen
Restaurants
Telefon 5111

INHALT

Titelabbildung:
DIE WARTBURG, von der Schanze aus gesehen

S. 4/5: DIE WARTBURG, Luftaufnahme

NORDWAND DES FESTSAALES
mit den Dekorationsmalereien nach Entwürfen von Michael Welter, um 1860

VON DER ROMANIK ZUR ROMANTIK —
NEUN JAHRHUNDERTE GESCHICHTE UND KUNST

Als Ludwig der Springer (S. 15) aus dem Thüringer Wald um 1067 auf einem kleinen Felsplateau eine Burg errichten ließ, konnte er nicht ahnen, welche Bedeutung die Wartburg bis in unsere Tage erlangen sollte.

Gerade zwei Generationen später, um 1130, besaßen die »Ludowinger« ein Territorium von Lahn und Sieg im Westen bis hin zur Unstrut im Osten; ein Gebiet, größer als Hessen und Thüringen heute.

Der von Hermann I., einem Urenkel des Wartburggründers, veranstaltete sagenhafte Sängerkrieg fällt in die Zeit der Fertigstellung des ersten Bauabschnittes des Palas und stellt einen Höhepunkt höfisch-ritterlicher Kultur dar.

Schließlich verbrachte eine der bedeutendsten Frauenpersönlichkeiten des Mittelalters, die heilige Elisabeth, Gemahlin Ludwigs IV., von 1211 bis 1228 mehr als zwei Drittel ihres kurzen Lebens am Thüringer Landgrafenhof.

Doch so schnell wie die Ludowinger kamen, verschwanden sie auch wieder von der politischen Landkarte. Nach dem Tod Ludwigs IV. 1227 übernahm dessen Bruder, Heinrich Raspe IV., als letzter Thüringer Landgraf das Zepter. Für 20 Jahre sollte er es behalten. Ein Jahr vor seinem Tod wurde er vom Papst zum deutschen Gegenkönig erwählt. Drei kinderlose Ehen führten zu einem Erbfolgekrieg, in dessen Ausgang Thüringen an das Haus Wettin fiel, Hessen durch Brabant übernommen wurde. Der Traum vom mächtigen Ludowingerreich war zu Ende. Ein nahezu unbekannter Ort muß die Wartburg gewesen sein, als man 300 Jahre später Martin Luther auf dem Gelände in Schutzhaft brachte. Sein »Patmos«, seine Zufluchtsstätte, war wohl tatsächlich ein Eiland der Einsamkeit, das ihm die Übertragung des Neuen Testamentes in nur wenigen Monaten gestattete.

Für weitere 300 Jahre verfiel die Burg dann in einen Dornröschenschlaf, der die nahezu völlige Zerstörung der Bausubstanz hervorbrachte.

Erst das Wartburgfest der deutschen Burschenschaften am 18. Oktober 1817 rückte sie wieder in den Mittelpunkt des gesellschaftlichen Lebens. Zu jener Zeit war der ursprünglich so repräsentative Palas,

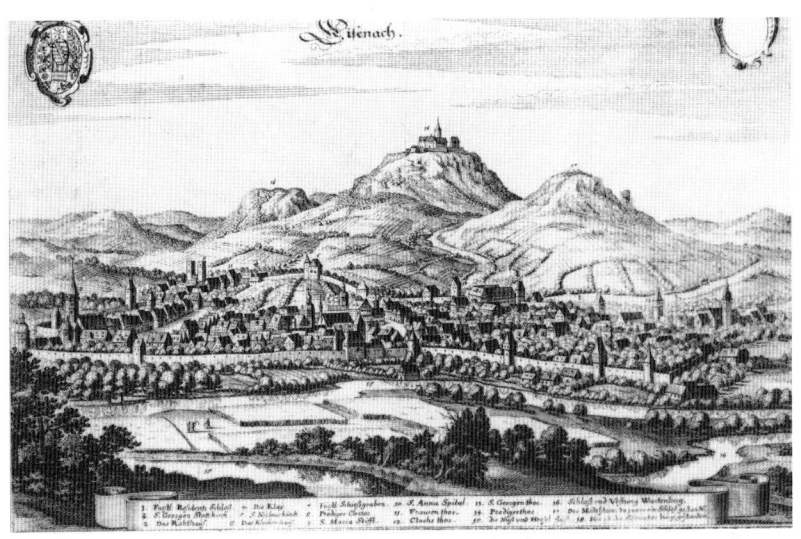

Matthäus Merian (1593–1650),
ANSICHT DER STADT EISENACH, um 1650

wie Goethe ihn während eines Wartburgaufenthaltes beschrieb, nur noch ein »öder leerer Kasten«. Wenige Jahrzehnte später entschloß sich Erbgroßherzog Carl Alexander von Sachsen-Weimar-Eisenach, die Burg seiner Ahnen in voller Pracht wiedererrichten zu lassen. Feudal-restauratives Streben nach Repräsentation vermischte sich mit dem erwachenden bürgerlichen Nationalbewußtsein. Ein genialer Architekt und Kunstwissenschaftler, Professor Hugo von Ritgen, bot seine Dienste an. Er schuf ein Gesamtkunstwerk, das die weithin sichtbare Silhouette der Wartburg ausmacht und Pionierarbeit in der gerade entstehenden Denkmalpflege darstellt.

Daß die Burg bis heute so viel Anziehungskraft besitzt, ist der umsichtigen Restaurierung der Anlage in unserer Zeit, dem unermüdlichen Tun vieler Fachleute, Freunde und Mitarbeiter der Wartburg zu verdanken.

25 Millionen Gäste aus allen Erdteilen haben die Burg seit ihrer Wiedereröffnung 1946 besucht.

11

DAS ERSTE JAHRHUNDERT
DER LUDOWINGER —
EXPANSION UND AUSBAU DER MACHT

Am Rande des heutigen Kurortes Friedrichroda im Thüringer Wald lag die Schauenburg. Sie war Sitz des Grafen Ludwig mit dem Barte, eines Lehensmannes des Mainzer Erzbischofs. Er war der Vater des Wartburggründers und stammte aus der Gegend zwischen Aschaffenburg und Mainz. Sein Geburtsjahr ist unbekannt, sicher wird er nur wenig nach 1000 geboren sein. Es war eine Zeit des Aufbruchs; das feste ottonische Bündnis von Staatsmacht und Kirche in der sich entfaltenden expansiv ausgerichteten Feudalgesellschaft schien erschüttert. Die Idee der Erneuerung des Heiligen Römischen Reiches wurde erheblich durch das Erstarken der fürstlichen Opposition, des Territorialadels, beeinträchtigt.

Von der Schauenburg aus wurden Rodungen großer Gebiete vorgenommen, Klöster und weitere Burgen gegründet und die Entwick-

lung von Städten gefördert. Der größte Machtgewinn ergab sich jedoch aus der klugen Heiratspolitik, die schließlich den Erwerb der Landgrafenwürde ermöglichte.

Des Bärtigen gleichnamiger Sohn soll für den Tod Friedrichs III. von Goseck, des sächsischen Pfalzgrafen, verantwortlich gewesen sein. Ludwigs Ehe mit dessen Witwe Adelheid war ein Zeichen der Sühne, ebenso wie die Gründung des Klosters Reinhardsbrunn. Die angebliche Flucht vom Hallenser Giebichenstein erkläre den Beinamen »der Springer«, behauptet der Annalist Saxo. Um das Jahr 1067, so weiß der Chronist Johannes Rothe aus Creuzburg bei Eisenach 1421 zu berichten, habe jener Ludwig die Wartburg gegründet. Sicher wußte er um die strategisch günstige Lage, mittelalterliche Handelswege wie die Weinstraße konnten von der mehr als 200 Meter über dem Umland thronenden Stelle gut kontrolliert werden.

Ludwig Bechstein, der romantische Sagensammler, beschrieb die Begebenheit so: »Es war Graf Ludwig, genannt der Springer, ein

Moritz von Schwind (1804–1871),
DIE GRÜNDUNG DER WARTBURG,
Fresko im Landgrafenzimmer des Palas, 1854/55

13

mächtiger Herr in Thüringen. Als derselbe einstmals am Inselsberge jagte, traf er ein Stück Wildes, das er eifrig verfolgte und ihm nachritt bis an das Flüßchen Hörsel und bis gen Nieder-Eisenach und von da wieder bis an den Berg, darauf jetzt die Wartburg steht. Dort blieb er und wollte warten, wo das Wild aus dem Walde lief, betrachtete derweil die schöne Gegend und vornehmlich den steilen Felsenberg und dachte bei sich selbst und sagte: ›Wart! Berg, du sollst mir eine Burg werden!‹ So mit großer Lust auf den Berg zu bauen, trachtete er auf Mittel und Wege, es füglich zu beginnen, denn der Berg gehörte den Herren von Frankenstein, welche nahe dabei schon eine Burg besaßen, den Mittelstein genannt, aber jenseits des Waldes bei Salzungen dicht über der Werra ihr Stammschloß hatten. Und der Graf hatte bei sich zwölf Ritter, tapfere freie Mannen, mit denen beriet er sich heimlich, als sie sich zu ihm gefunden hatten, wie er den Berg an sich brächte, und es wurde also gehandelt, daß des Nachts vom Schaumberg, der dem Grafen eigen war, Erde in Körben auf den Wartberg getragen wurde und darauf gestreut, und der Graf schlug dann eine Burgfriede mit Gewalt auf, hinter der er sich verteidigen konnte. Bald kamen die Herren vom Mittel- und Frankenstein, konnten aber dem Grafen auf seiner Felsenfeste nichts anhaben, verklagten ihn daher bei Kaiser und Reich, daß er sich des Ihrigen mit Gewalt freventlich anmaße. Auf des Reiches Befragen entgegnete der Graf, er habe die Burg auf das Seine gebaut, wolle sie auch nach Urteil und Recht, seines Verhoffens, wohl behalten. Darauf erkannte das Reich, so er mit zwölf redlichen Männern beweisen und beschwören könne mit leiblichem Eid, daß das Land, worauf er gebaut, sein wäre, solle er es behalten. Da erkor der Graf seine zwölf Ritter zu Eideshelfern, trat mit ihnen auf den Berg, steckten ihre Schwerter in die zuvor hinaufgetragene Erde und schworen, daß ihr Herr, Graf Ludwig, auf dem Seinen stände und schon von alters her dieser Boden zum Lande und zur Herrschaft von Thüringen gehört habe. Damit behielt er den Berg.«

Bruno, der Chronist des Sachsenkrieges, erwähnt die Wartburg 1080 zum ersten Mal. Wie sah sie aus, als die Sachsen König Heinrich IV. angriffen? Johannes Rothe berichtet in der »Düringischen Chronik«, daß zwei vorgefertigte Bergfriede und ein Haus, offensichtlich in großer Eile, um die Tatsache vom Landraub vergessen zu machen, aufgestellt worden seien. Eine unglaubliche Geschichte; archäologische Untersuchungen blieben ergebnislos. Der in Eisenach ansässige Kunsthistoriker Dr. Ulrich Nicolai hatte in den zwanziger Jahren unseres Jahrhunderts hypothetisch eine »Urwartburg« entworfen, deren zwei mächtige Türme sich über die späteren quadratischen und

GRABPLATTE LUDWIGS DES SPRINGERS
in der Eisenacher Georgenkirche, 14. Jahrhundert

kreuzgewölbten äußeren Räume des Palaserdgeschosses erhoben haben mögen.

Eines ist klar: Die geologische Form des Felsens zwang der Wartburg flächenmäßig Grenzen auf. Sie gehört nicht zu den großen Burganlagen. Der Zugang über die Nordseite war ebenso vorgegeben, wie auch die Einteilung in zwei Höfe logisch erscheint. Der hintere, der Haupthof der Wartburg mit dem Palas (S. 17), befindet sich auf dem von außen unzugänglichsten Teil des Plateaus. Der Sandsteinbogen am Torhaus der Burg, gleich dort, wo der Besucher den Burgbereich betritt, stammt aus der Zeit um 1150. Es kann davon ausgegangen werden, daß hier die steinerne Zeit der Wartburg begann. Die hölzerne Scheinarchitektur wurde durch eine den politischen und militärischen Stürmen der Zeit trotzende Festung ersetzt.

Die Ludowinger fühlten sich hier offensichtlich so sicher, daß sie die Tatsache, daß aufgrund der exponierten Lage des Felsens 200 Meter über der Hörsel kein Brunnen gegraben werden konnte, ignorierten. Im Falle einer Belagerung konnte Wasser aber für das Überleben der Burgbesatzung entscheidend sein. Ludwigs des Springers gleichnamiger Sohn hatte 1123 durch eine berechnende Heirat mit Hedwig, Tochter Gisos IV., Thüringen und Hessen vereinigen können. Zwei Jahre vor dem Ende der fränkischen Königsherrschaft wurde er durch Lothar III. zum Landgrafen ernannt; ein Titel, der ihn über die Grafen erhob.

Danach waren es die staufischen Kaiser und Könige, mit denen sich die Ludowinger arrangierten. Ludwig II. heiratete Jutta, eine Halbschwester Friedrichs I. Barbarossa. Um diesen Enkel des Wartburggründers rankt sich eine der bekanntesten Thüringer Sagen: Der Schmied von Ruhla. Die Worte »Landgraf werde hart, werde hart wie dieses Eisen« sollten Ludwig warnen. So wurde er hart gegen seine Vasallen, schuf sich aber auch Feinde, die ihm nach dem Leben trachteten und ihn zum Tragen einer eisernen Rüstung zwangen. So oder so erhielt er den Beinamen »der Eiserne«.

Daß er der Erbauer einer steinernen Wartburg war, läßt sich nicht genau ermitteln. Sicher hat er aber die Neuenburg gegründet. Die Düringische Chronik berichtet auch, daß seiner Gemahlin Jutta der immerhin 150 Kilometer weite Weg von Eisenach nach Freyburg zu lang gewesen sei, so daß sie in Weißensee die Runneburg begründete, die aber auch den Zugang nach Kyffhausen sicherte. Neben dem Eisenacher Steinhof, dem winterlichen Sitz der Ludowinger, und der alten Stammburg bei Friedrichroda waren dies wohl zunächst die wesentlichen landgräflichen Niederlassungen in Thüringen.

BLICK ÜBER DIE ZISTERNE
zur Westfassade des romanischen Palas

BLÜTE UND AUSGANG
DES LUDOWINGERREICHES —
SÄNGERKRIEG UND HEILIGE ELISABETH

Die Expansionspolitik Ludwigs des Springers, der 1123 nach rund 45 Jahren Regierungszeit für damalige Verhältnisse hochbetagt starb, konnte sich in Kindern und Kindeskindern fortsetzen. Seine Ehe mit Adelheid von Goseck brachte acht Kinder hervor, fünf Söhne und drei Töchter.

In der Ehe des Sohnes und Nachfolgers Ludwig, des ersten Landgrafen, mit Hedwig (von Hessen) wurden sieben Kinder geboren. Zwei Töchter, Jutta und Cäcilie, heirateten bis nach Böhmen: König Wladislaw II. und Herzog Ulrich II.

Der Erstgeborene der folgenden Generation, Ludwig II., der Eiserne, regierte nach dem Tod des Vaters ab 1140 für 32 Jahre. Seine Gemahlin Jutta, die die Nichte König Konrads III. und die Tochter Friedrichs II. von Schwaben war, gebar fünf Kinder. Die Kontinuität des Bestehens des Ludowingergeschlechtes schien gesichert, sollte aber nur noch 100 Jahre andauern. Ludwig III. wurde 1151/52 geboren. Gerade 20 Jahre alt, übernahm er die Landgrafschaft nach des Vaters Tod 1172.

Der Reichstag zu Gelnhausen am 13. April 1180 verfügte die Auflösung des mächtigen sächsischen Hauses Heinrichs des Löwen, das aus Ost- und Westfalen und der Pfalzgrafschaft Sachsen um Allstedt bestand. Mit letzterer wurde Ludwigs Bruder Hermann 1181 belehnt. Seit Ludwig I. hießen die zweitgeborenen Söhne Heinrich Raspe. Sie waren jeweils mit der Herrschaft über hessische Besitzungen betraut gewesen. Der Tod Heinrich Raspes III. hatte in Ludwigs Hand Thüringen und Hessen vereinen können. Nun lag die Wartburg im Zentrum eines unter direktem Einfluß des Grafen stehenden Territoriums. Ihre Bedeutung als Landesfeste wuchs.

Nach Ludwigs III. Tod 1190 herrschte Landgraf Hermann I. sogar über drei Fürstentümer: Thüringen, Hessen und Sachsen. Die Ludowinger hatten den Höhepunkt ihrer Macht erreicht. Mit dem Erstarken des politischen Einflusses verband sich natürlicherweise ein Streben nach äußerer Repräsentation. Unter Ludwig III. wurde die Wartburg zur steinernen Festung ausgebaut. Mit dem Baubeginn für den Palas (S. 17), das Landgrafenhaus, um 1170, wurde der Grund-

TYMPANONRELIEF
mit Darstellung eines einen Ritter verschlingenden Drachens,
Sandstein, um 1200

FIGÜRLICHE KAPITELLE, Sandstein, um 1200

stein für einen der bedeutendsten spätromanischen Profanbauten gelegt. Baumaterial bot der Felsen selbst — ein Konglomeratgestein,
Rotliegendes. Für die Fassade und die bauplastische Gestaltung
wurde ein edleres Material verwendet, Sandstein. Er mußte mit Och-
senkarren aus dem 30 Kilometer entfernten Seeberg bei Gotha her-
aufgebracht werden.

Für einige Säulenschäfte benutzten die Steinmetzen sogar Kalksinter, der beim Abbruch römischer Wasserleitungen in der 300 Kilometer entfernten Eifel verfügbar geworden war. Die Bauleute genossen einen guten Ruf weit über gräfliche Grenzen hinaus. Sie waren Steinmetzen einer niederrheinischen Bauhütte. Zeitweilig besaßen die Ludowinger allerdings auch Gebiete am Niederrhein. Die zeitgleiche Entstehung der Eisenacher Nikolaikirche ist ebenfalls das Werk dieser Bauhütte. Sicher sind die Menschen hier heimisch geworden, bedurfte es doch mehr als einer Generation für den Bau des Wartburgpalas. Vermutlich war das Gebäude durch Ludwig III. nur zweistökkig konzipiert worden. Die Schräglage des Felsplateaus erforderte eine teilweise Unterkellerung und im nördlichen Bereich ein Abschleifen des Rotliegenden. Im Erdgeschoß herrscht Symmetrie, zwei nahezu quadratische kreuzgewölbte Räume flankieren einen flachgedeckten mittleren mit großer Kaminanlage. Hofseitig vorgelagert ist ein Laubengang, eine Arkade, die sich in allen Geschossen wiederholt. Sie ist das Ergebnis zweier scheinbar unlösbarer Zielstellungen, die erfüllt werden sollten: die Räume durch starke Mauern gegen feindliche Angriffe zu schützen, aber auch aus repräsentativen Gründen eine ästhetisch anspruchsvolle Fassade des Gebäudes zu errichten. Die heutigen Türöffnungen durch meterdickes Mauerwerk auf die Erdgeschoßarkade (S. 21) hinaus sind spätere Zutat. Das Obergeschoß sollte neben einem solchen Laubengang ursprünglich nur zwei große Räume erhalten, einen Thronsaal (das Landgrafenzimmer) und einen für die Feste geeigneten, zwei Drittel der Gebäudefläche einnehmenden Saal, den heutigen Sängersaal (S. 86). Damit war der Zweck des Baues für Ludwig III. erfüllt.

Unten befanden sich Männer- und Frauengemach für den Hofstaat, dazwischen lag ein Raum für Gemeinsames wie die Mahlzeiten. Die breite steinerne Innentreppe, Ausnahme und Kuriosum für Bauwerke der Zeit, führt in den Raum, in dem sich die Gäste zu Festlichkeiten trafen, in dem sich das höfisch-ritterliche Leben abspielte. Das benachbarte Landgrafenzimmer, baulich erhaben über einige Stufen zu erreichen und dadurch Respekt einflößend, schließt sich an. Es gestattete dem Herrscher Privatsphäre, wurde sicher aber auch als Empfangsstätte, Entscheidungsort und Territorialgericht genutzt. Nicht zufällig findet der Besucher hier die prächtigste Mittelsäule der Wartburg. Diese weist ein Kapitell mit herabfliegenden Adlern und zum Licht strebenden Pflanzen auf, das von höchster bildhauerischer Meisterschaft zeugt (S. 23, links). Hinzu kommt die einzige künstlerisch gestaltete Säulenbasis des Palas, die vier kauernde Löwen abbildet. Der Löwe ist das Symbol der Macht, gleich-

PALAS, Erdgeschoßarkade

zeitig aber auch das Wappentier der Thüringer Landgrafen. Nach Ludwigs III. Tod im Jahre 1190 entschloß sich sein Bruder Hermann, der vierte Landgraf, zu einer Aufstockung des Gebäudes. Wie groß seine Macht und der Drang zu ihrer Darstellung nach außen gewesen sein muß, läßt sich nur erahnen. Die Aufnahme des Daches und die Schaffung eines einzigen, die gesamte Gebäudefläche einnehmenden Saales als zweites Obergeschoß grenzt an Größenwahn. Der Sängersaal im tieferliegenden Stockwerk hatte sicher mehr als 100 Personen ausreichenden Platz geboten. Der neue Festsaal konnte ein Mehrfaches aufnehmen. Daraus kann man schließen, wie üppig die Feste der Ludowinger in ihrer Blütezeit gewesen sein müssen. Sicher setzten die klimatischen, jahreszeitlichen Bedingungen der Nutzung des Gebäudes Grenzen. Glas fand keine Verwendung im Fensterbau. Tierhäute und Holzläden, durch Sperrbalken gesichert, hielten Kälte und Nässe fern. Die Vertiefungen in den Fenstergewänden des Speisesaales zeugen davon. Die daraus resultierende Dunkelheit erforderte Öllampen und Fackeln, die aber wieder rußten und sicher nicht zum längeren Verweilen in den Räumen einluden. Die Öffnung der Böden und Decken während der Restaurierung förderte auch keine Fußbodenheizung wie auf der Runneburg zutage. Somit wird klar, wie begrenzt die Nutzungszeit des Palas gewesen sein muß. Ob sich die landgräfliche Familie im Winter in andere, nicht mehr erhaltene Gebäude zurückzog oder die Burg verließ, um im Eisenacher Steinhof oder auf einer anderen Feste zu wohnen, wird ein Rätsel bleiben.

Wer konnte sich ein solch großes Gebäude wie den Palas leisten, konnte Bauplastik mit nahezu 200 Säulen bestellen, die es bislang nur in großen Kirchen und Kaiserpfalzen gab? Es wurde errichtet für ein Herrschergeschlecht, das sich für unsterblich hielt und sich mit Zentralgewalt und Klerus gleichsetzte.

Die Herkunft der Baumeister hatte schon 1902 Karl Simon in seinem Aufsatz »Zur Datierung des Landgrafenhauses auf der Wartburg« nachgewiesen. Durch die niederrheinischen Besitzungen läßt sich schließen, daß sie von den dortigen Steinmetzen wußten, die die Bauplastik der Schwarzrheindorfer Doppelkapelle geschaffen hatten. Tatsächlich konnte Simon die Verwandtschaft der Wartburg-Bauplastik mit der vom Niederrhein durch die Formung der Deckplatten der Kapitelle feststellen. Die Rhythmik der Palasarkaden mit dem Wechsel von einzelnen und doppelten Säulen bestimmt den ästhetischen Reiz der Fassade. Neben floraler Kapitellornamentik findet der Betrachter eine Fülle symbolträchtiger Szenen mit Tieren, Fabelwesen und Dämonen (S. 19). Der Kampf des Guten gegen das Böse, des Christentums gegen Teufel und Heidentum bestimmt die

ADLERKAPITELL der Mittelsäule des Landgrafenzimmers,
Sandstein, um 1200

DOPPELKAPITELL MIT TRINKENDEN VÖGELN,
Sandstein, um 1200

Aussagen. Darüber hinaus ließ die künstlerische Freiheit auch weltliche Genreszenen zu. Ein Exkurs in das folgende Jahrhundert läßt sich an dieser Stelle nicht vermeiden. Ein verheerender Brand, sicher durch Blitzschlag verursacht, wird vom Chronisten Johannes Rothe auf 1317 oder 1318 datiert. Dabei zerstörte das Feuer nicht nur Gebäude auf der dem Landgrafenhaus gegenüberliegenden Hofseite, sondern beschädigte auch Bergfried und Palas. Verkohlte Hölzer, die in der inneren Westwand des Landgrafenhauses gefunden wurden, untermauern dies. Nach Rothe soll bei diesem Brand das bleierne Dach zerschmolzen sein. Daß die Säulen des Festsaales eine solche Katastrophe überdauern konnten, ist unwahrscheinlich. Ihre bisherige Datierung weist aber auf die Zeit um 1200 hin.

Landgraf Friedrich der Freidige, ein Wettiner Meißener Abstammung, der Enkel Heinrichs des Erlauchten, sah sich veranlaßt, die Burganlage wieder aufzubauen. Im südlichen Teil des Haupthofes ließ er den bis heute erhaltenen Turm und die Ringmauer errichten. Die zerstörte Burgkapelle, deren Tympanonrelief (S. 19) erst in unserem Jahrhundert bei Grabungen gefunden worden war, wurde offensichtlich nicht rekonstruiert. In das erste Obergeschoß des Palas wurde die neue Kapelle eingebaut. Der Sängersaal verlor dadurch ein Drittel der ursprünglichen Fläche. Statische, aber auch ästhetische Prinzipien wurden grob verletzt. Die gotischen Gewölbe harmonieren nicht mit den romanischen Fensterbögen der Ost- und Südwand. Die gotische Mittelsäule steht auf dem Gewölbe der Elisabethkemenate, nicht auf deren Säule. War das eine Laune Friedrichs, vielleicht aus tiefer Religiosität heraus geprägt? Gedachte der Landgraf dem Gebäude eine neue Funktion zu: neben Repräsentation und weltlichem Vergnügen hier jetzt auch Andacht und Buße zu üben? Der Wiederaufbau der zerstörten Kapelle auf der anderen Hofseite wäre sicherlich preiswerter und bautechnisch wesentlich unproblematischer gewesen. Soweit der Ausflug in das für die Wartburggeschichte sonst wenig bedeutsame 14. Jahrhundert.

Zurück zu den Ludowingern, zum vierten Landgraf Hermann I., der nach dem Tod seines Bruders, der keine männlichen Erben hinterlassen konnte, die Blüte der höfisch-ritterlichen Kultur wesentlich befördern sollte. König Heinrich VI. war nach Ludwigs III. Tod nach Thüringen eingerückt und hatte erfolglos versucht, das Lehen der Ludowinger einzuziehen.

Schon 1181 war Hermann Pfalzgraf von Sachsen geworden. Die Unterstützung kirchlicher und weltlicher Fürsten erzwang die weitere Belehnung mit der Landgrafschaft bei Verzicht von wahrscheinlich nordthüringischen Gebieten. 1196 erließ Heinrich VI. ein neues Erbrecht, das auch den weiblichen Linien Möglichkeiten der Erbfolge einräumte. Hermann reagierte sofort: Er ließ seine noch unmündige Tochter Hedwig als Lehensnachfolgerin bestätigen.

Der Gelnhausener Reichstag 1195 hatte den Landgrafen zur Beteiligung am vierten Kreuzzug verpflichtet. Der plötzliche Tod des Kaisers verschob das Unternehmen, verursachte aber auch in Thüringen blutige Machtkämpfe. Zwischen den rivalisierenden Parteien der Staufer und Welfen im Thronstreit schwankte Hermann, immer auf den eigenen Vorteil bedacht. Nachdem er sich mit dem Welfen Otto IV. verbündet hatte, schlug er sich später, mit dem Anwachsen der Macht Philipps von Schwaben, auf die Seite der Staufer. Das brachte Hermann sogar Landgewinn ein. Als Papst Innozenz III. 1200 zugunsten Ottos von Braunschweig in den Thronstreit eingriff, wechselte der Landgraf wieder die Parteien. Die Siege Philipps in den Jahren 1203 und 1204 zwangen Hermann allerdings zur Unterwerfung bei Ichtershausen. Der erneute staufische Treueeid war mit der Abgabe einiger Städte und Ländereien verbunden.

Daß die Landgrafschaft diese politischen Wirrnisse kaum geschwächt überstand, ist erstaunlich. Die Territorialmacht Hermanns

RITTERSAAL,
nördlicher Raum des Palas-Erdgeschosses

war so stark, daß beide Parteien — Staufer und Welfen — nicht auf seine Mitwirkung verzichten konnten. Bis in die heutige Zeit hat sich der Ruf des Landgrafen jedoch nicht durch die erfolgreiche politische Wendigkeit erhalten, sondern durch die großzügige Förderung der Künste, der höfisch-ritterlichen Kultur des hohen Mittelalters. Ein jeder kennt die Sage vom Sängerkrieg, spätestens durch Richard Wagners Operninszenierung in der Verbindung mit dem Minnesänger Tannhäuser und der Venus vom Hörselberg.

Die Kreuzzüge, die sich vorwiegend nach dem Vorderen Orient bewegt hatten, brachten Kunde von der Kultur des Altertums. Die Namen der Dichter Vergil und Ovid waren dem Landgrafen bekannt. Im sagenumwobenen Sängerkrieg gipfelt Hermanns Ruf als Mäzen und Förderer der höfisch-ritterlichen Kultur. Mindestens ebenso wichtig ist der Beitrag des Landgrafen zur Verbreitung der Epik.

Herbort von Fritzlar erhielt von Hermann I. den ausdrücklichen Auftrag zur Übersetzung des französischen Trojaromans von Benoît de Sainte-More. Sein Herkules trägt einen blauen Schild mit dem rot-weiß gestreiften Löwen, dem Wappen der Ludowinger. Etwa zur

MINIATUR AUS DEM LANDGRAFENPSALTER
mit der Darstellung Landgraf Hermanns I.
und der Landgräfin Sophie, 1211—1213,
Original in der Württembergischen Landesbibliothek Stuttgart

gleichen Zeit, im letzten Jahrzehnt des 12. Jahrhunderts, war auch
Albrecht von Halberstadt durch den Landgrafen zur Verdeutschung
der Metamorphosen des Ovid bewogen worden. Auf der Hochzeit
Ludwigs III. und der Gräfin Margareta von Cleve 1174 wurde die
noch nicht vollendete Eneit-Handschrift Heinrich von Veldekes ge-
stohlen. Der Dieb war der Bruder des Bräutigams, Heinrich Raspe
III. Ob er dies aus bloßer Liebe zur Literatur tat, ist nicht bekannt.
Nach seinem Tod 1180 war die Handschrift vielleicht im Nachlaß auf-
gefunden worden. Hermann lud Heinrich von Veldeke auf die bei
Freyburg gelegene Neuenburg ein. Damit verbunden war die Bitte,
das Eneit-Epos hier fertigzustellen. Der Dichter war zwar verärgert,
fühlte sich aber auch durch Hermanns Fürbitte geschmeichelt, wie er
im Prolog zum Werk bemerkte. Mitte der achtziger Jahre des 12.

26

Jahrhunderts hat er sich am Thüringer Landgrafenhof aufgehalten. Mit der zeitgemäßen Bearbeitung des Äneas-Stoffes konnte sich Heinrich von Veldeke zum bedeutendsten Vertreter der höfischen Epik entwickeln.

Bis zu seinem Tod 1217 blieb Hermann I. der wichtigste Mäzen seiner Zeit. Walther von der Vogelweide und vor allem auch Wolfram von Eschenbach sollten großzügige Förderung erfahren. Im Psalterium der Landgräfin Sophie, Hermanns Gemahlin, ist ein Gebet vermerkt, in dem sie bittet, daß man ihm, obwohl er »in viele Verbrechen und Sünden verstrickt ist«, das Himmelreich nicht versage.

Am populärsten waren die Lieder der fahrenden Dichter, die auch viele Neuigkeiten zu berichten wußten.

Die berühmtesten Minnesänger, Wolfram von Eschenbach und Walther von der Vogelweide, beschrieben ihre Eindrücke vom Leben am Hofe Hermanns. So schilderte Wolfram:

»Von Düringen vürste Herman
etslîch dîn ingesinde ich maz,
daz ûzgesinde hieze baz:
dir waere ouch eins Keien nôt,
sît wâriu milte dir gebôt
sô manecvalden anehanc,
etswâ smaehlîch gedranc
und etswâ werdez dringen.«

In der Übersetzung des Mittelhochdeutschen durch Manfred Lemmer (alle Beispiele wurden entnommen aus: »Der Dürnge bluome schînet dur den snê«, Eisenach, 1981) bedeuten diese Zeilen: »Fürst Hermann von Thüringen, einige deiner Höflinge habe ich mir genau angesehen, und sie sollten lieber Ausgesinde als dein Ingesinde heißen (sollten an deinem Hofe eigentlich nichts zu suchen haben). Du bräuchtest auch einen Keie! Da du wegen deiner echten Freigiebigkeit so unterschiedliche Leute in dein Gefolge ziehst, befinden sich darunter schändliche Gesellen ebenso wie edle Männer.«

Auch Walther von der Vogelweide mußte ähnliche Erfahrungen am Landgrafenhof sammeln. Er beklagte sich ebenso wie Wolfram über das lärmende und ungebildete Gefolge. Walther war sogar ein Pferd durch den Ritter Gerhart Atze erschossen worden. Im Rechtsstreit soll wohl jener behauptet haben, daß Walthers Pferd mit jenem Tier verwandt gewesen sei, das Atze einst einen Finger abgebissen hatte. Der niedere Sänger verlor gegen den Ritter. Seine Ehre wurde restlos verletzt, als man ihm sagte, daß er ein solch kostbares Pferd gar nicht hätte besitzen dürfen. Walther verließ daraufhin den Hof.

LANDGRAF HERMANN I., SEINE GEMAHLIN SOPHIE,
der Magier Klingsor und die am Wettstreit beteiligten Sänger,
Miniatur aus der Großen Heidelberger Liederhandschrift, um 1314,
Original in der Universitätsbibliothek Heidelberg

28

Dieser Vorfall steht in grobem Widerspruch zu den ethischen Wertvorstellungen des Rittertums um 1200. Hauptwerte der höfischen Kultur waren die »minne« (dienende Frauenverehrung), die »êre« (ehrenhaftes Leben und gesellschaftliches Ansehen), »âventiure« (Bewährung im Kampf), »mâze« (Vernunft und Bändigung der Triebe), »zuht« (Selbsterziehung), »staete« (Treue), »fröude« (Frohsinn) und »hôher muot« (freudige Hochstimmung). Die höfischen Dichtungen priesen diese adeligen Tugenden. Walther von der Vogelweide hatte sich vermutlich in den ersten 15 Jahren des 13. Jahrhunderts mehrfach am Landgrafenhof aufgehalten. Der um 1170 Geborene war seit den neunziger Jahren als Lyriker, Dichter von Minne- und Kreuzzugsliedern mit eigenen Melodien bekannt. 30 Jahre später sollte der Österreicher als Dank für sein Schaffen von Kaiser Friedrich II. ein Lehen in der Nähe von Würzburg erhalten. Um die Gunst Hermanns I. zu erringen, rühmte Walther dessen Freigiebigkeit:

>»Ich bin des milten lantgrâven ingesinde.
>ez ist mîn site daz man mich iemer bî den tiursten vinde.
>die andern fürsten alle sint vil milte, iedoch
>sô staeteclîchen niht: er was ez ê und ist ez noch.
>dâ von kan er baz danne si dermite gebâren:
>er enwil dekeiner lûne vâren.
>swer hiure schallet und ist hin ze jâre boese als ê,
>des lop gruonet und valwet sô der klê.
>der dürnge bluome schînet dur den snê:
>sumer und winter blüet sîn lop als in den êrsten jâren.«

»Ich stehe im Dienste des freigiebigen Landgrafen. Das halte ich stets so: Nur den Würdigsten diene ich! Auch andere Fürsten haben eine offene Hand, aber eben nicht so beständig. Hermann dagegen war seit je gebefreudig, und er ist es noch heute. Er macht darin eine bessere Figur als andere; bei ihm gibt es darin kein launisches Schwanken. Wer in dem einen Jahr durch Freigiebigkeit glänzt, im nächsten aber so knauserig ist wie zuvor, dessen Ruhm gleicht dem Klee, der erst in saftigem Grün prangt, bald aber dahinwelkt. Thüringens Blume (der Freigiebigkeit) leuchtet sogar im Schnee: Sommer wie Winter treibt sie ihre lobenswerten Blüten wie vom ersten Tage an.«

Wolfram von Eschenbach ist der mittelalterliche deutschsprachige Dichter, der uns heute als bedeutsamster erscheint, dessen Werk glücklicherweise in den wesentlichsten Teilen überliefert werden konnte. Der wie Walther um 1170 geborene mittelhochdeutsche Ly-

riker und Epiker Wolfram von Eschenbach ist der Verfasser eines der umfangreichsten und wirkungsvollsten Epen des Mittelalters. Er schrieb den »Parzival«, der aus ungefähr 25 000 Versen besteht. Zeitgenossen rühmten, daß kein anderer Dichter je Hervorragenderes geleistet hätte. Wolfram stammte aus Mittelfranken, aus dem Städtchen Frauenmünster, das heute seinen Namen — Wolframs-Eschenbach — trägt. Wahrscheinlich hat er dem bayerischen Dienstadelsgeschlecht der Eschenbacher Freiherren angehört. Er selbst zählte sich zu den Armen; wie er im »Parzival« behauptet, konnte keine Maus in seiner Nähe Freude am Nahrungssuchen finden. Er bedurfte der Mäzene noch dringender als Walther. Hermann I. sollte der wichtigste Förderer werden. Dieser beauftragte Wolfram mit der Schaffung des »Willehalm«, der Geschichte von Auseinandersetzungen von Christen und Heiden in Südfrankreich. Der Ritter Willehalm sucht nach dem Ideal des Mannes, der christliches und weltliches Rittertum in sich vereint und zur Seligkeit strebt. Das entsprach auch Wolframs Lebenszielen. Die Dichtung wurde nicht vollendet. Ein Epilog fehlt, also auch Hinweise auf den Gönner. Wahrscheinlich wurde er nach Hermanns Tod durch Landgraf Ludwig IV. weiter gefördert. Auch sein »Titurel«, eine tragische Liebesgeschichte, konnte nicht fertiggestellt werden.

Der Sängerkrieg auf der Wartburg schildert die wohl bekannteste Legende mittelalterlicher Kulturgeschichte in Thüringen und stellt einen Höhepunkt des höfisch-ritterlichen Geisteslebens dar. Für die Authentizität des Ereignisses fehlen allerdings jegliche Beweise. Johannes Rothe aus Creuzburg, der Thüringer Chronist, lokalisierte als erster 1421 den Austragungsort, als er vom »Sengerkrige zu Warpergk« schrieb. Zweifel am Wahrheitsgehalt der Düringischen Chronik sind durchaus angebracht. Poetische Wettstreite waren schon seit 800 vom Hof Karls des Großen bekannt und wurden im Deutschland des 13. Jahrhunderts »geteiltez spil« genannt.

Doch die Romantiker wie der Meininger Hofbibliothekar, Märchendichter und Sagensammler Ludwig Bechstein legten den Ort der Episode endgültig fest, indem sie die Bezeichnung »Wartburgkrieg« verwandten. Bechsteins Sammlung »Der Sagenschatz und die Sagenkreise des Thüringerlandes« (Hildburghausen, 1835) beschreibt den Wettstreit detailliert:

»Am Hofe des Landgrafen Hermann von Thüringen fanden sich sechs edle und tugendsame Männer zusammen, die konnten hübsche Lieder dichten. Sie erfanden neue Gesänge, mit denen sie gegeneinander sangen und kriegten, welche Lieder daher noch den Namen haben: Der Krieg zu Wartburg, weil es auf der Wartburg über Eisenach geschah. Der erste Sänger hieß Heinrich Schreiber, war ein guter Ritter; der zweite Walther von der Vogelweide; der dritte Reinhart von Zwetzen, auch Reinmar Zweter genannt; der vierte Wolfram von Eschenbach, diese waren alle rittermäßige Mannen und gute Wappner; Bitterolf, der fünfte, gehörte zur Dienerschaft der Landgräfin, und der sechste, Heinrich von Afterdingen oder Ofterdingen, war ein Bürger der Stadt Eisenach, von einem frommen Geschlechte. . . In ihrem Wettkampfe priesen sie laut das Lob guter Fürsten und vornehmlich das des gastlichen und kunstsinnigen Landgrafen Herrmann, nur der einzige Ofterdingen stritt gegen sie alle und pries in seinem Gesange den Herzog von Oestreich, hob ihn hoch über alle Fürsten, und zuletzt wurden die Dichter so eifrig und der Liederkampf so ernst, daß beschlossen wurde, es solle der Unterliegende

Moritz von Schwind,
DER SÄNGERKRIEG AUF DER WARTBURG,
Fresko im Sängersaal des Palas, 1855

Moritz von Schwind,
SÄNGERKRIEGSFRESKO,
Ausschnitt

auf der Stelle sich durch den Scharfrichter, Meister Stempfel, das Haupt abschlagen lassen, oder an einem Baum aufgehenkt werden, wozu auch der Landgraf, der dies an seinem Hofe sonst nicht gestattet hätte, um ihres kunstreichen Gesanges willen seine Bewilligung gab. Nun sangen alle in künstlichen Weisen gegen Ofterdingen, denn sie haßten ihn und waren neidisch auf seine Kunst, hätten ihn gern fortgehabt vom Hofe. Ofterdingen verglich seinen Helden mit der Sonne und gestand allen anderen Fürsten nur Sternenglanz zu; während die übrigen den Thüringer Herrn über alles erhoben und ihn den Tag nannten, dem die Sonne erst nachfolge. Die Worte und Bilder, derer sich die Sänger bedienten, waren nicht abgewogen und nicht schonend, vielmehr derb und verletzend und leidenschaftlich; endlich schien die Mehrzahl zu siegen, fünf gegen einen, und Ofterdingen mußte klagen, daß man in Thüringen falsche Würfel vorlege, und er rief sehnsuchtsvoll aus: O, dich entbiet ich her, Klinsor von Ungarland! Und wärst du über See! Auf dich beruf ich mich, dich darf ich auserwählen, deine Meisterschaft ist auserkoren vor allen Sängern, und solltest du den Gries des Meeres zählen und alle Sterne einzeln nennen, hilfst du, so bin ich unverloren! Klinsor muß her, ihm ist des Oesterreichers Tugend wohl bekannt. Vier von den Meistern wollten seinen Tod; oft ward Stempfel angerufen, sich bereitzuhalten, und schon wollten sie ihn ergreifen, aber er entfloh zu den Füßen der Landgräfin Sophia, die mit ihren Frauen dem Wettkampf beiwohnte, und er barg sich in ihrem Faltenmantel.«

Hermanns Gattin beschützte den Sänger. Sie ordnete eine Jahresfrist an, innerhalb dieser Ofterdingen den Meister Klingsor auf die Wartburg bringen mußte. In seiner Anwesenheit sollte der Wettstreit wiederholt werden. Klingsors Urteil wollten sich dann alle fügen.

Zunächst begab sich der Unglückliche nach Wien an den Hof des besungenen Herzogs Leopold von Österreich. Dieser nahm den Sänger gütig auf. Geleitbriefe und Wegzehrung erleichterten die Weiterreise nach Ungarn. Klingsor hörte den Besucher geduldig an, tröstete ihn und versprach zu helfen. Er lud Ofterdingen ein, ihm die Langeweile zu vertreiben und mit ihm allerlei Annehmlichkeiten zu teilen. Das Jahr verging wie im Fluge, ohne daß sich Klingsor anschickte, die Reise nach Thüringen vorzubereiten. Er verzögerte die Abfahrt bis zum Vorabend des Ablaufs der festgelegten Frist.

Ofterdingens Ungeduld kommentierte der Magier mit den Worten: »Geruhige Dich nur, mein Sohn, wir kommen wohl noch hin, wir werden nicht lange fahren, wir haben starke Pferde und einen leichten Wagen. Und er ließ ihn Abends bei sich essen, und als er einen Trunk gethan, sank er in tiefen Schlaf.«

Der Zauberer befahl seinen Geistern, ihn und Ofterdingen nach Eisenach ins beste Wirtshaus zu bringen. Vom Höllenhund geleitet, langten beide noch in derselben Nacht auf einer Wolke in der Stadt an. Am westlichen Tor befand sich der Hellgrevenhof, das berühmte Gasthaus, in dem beide abstiegen. Die Nachricht von ihrer Ankunft verbreitete sich schnell und gelangte auch auf die Burg.

»Darnach begehrte Landgraf Hermann von dem Meister Klingsor, daß er den Krieg, um deßwillen er hergekommen war, mit den Sängern richten wolle. Das geschah zu Wartburg auf dem Ritterhaus, und der Meister sprach es aus in Gegenwart des genannten Fürsten und seiner Grafen und Herren, deren viele zu dieser Zeit zu Hofe gekommen waren, daß der Tag von der Sonne komme, und wenn die Sonne die Erde nicht beleuchte, so wäre kein Tag, und legte mit vielen schönen Reden den Sängerkrieg also bei, daß Herr Heinrich von Ofterdingen Recht behielt, und sühnete gütlich ihren Streit.«

Die Authentizität Walthers von der Vogelweide und Wolframs von Eschenbach trifft auch für den tugendhaften Schreiber Heinrich zu, von dem 14 Lieder überliefert sind. Der Sänger Reinmar von Zweter oder Zwetzen dürfte aus heutiger Erkenntnis heraus ein Kind gewesen sein. Ein Reinmar von Hagenau, auch »der Alte« genannt, scheint eher in die Zeit 1206/07 zu gehören. Auch Herr Biterolf, angeblich aus der Gegend um Salzungen, bleibt seinen Existenznachweis schuldig, ebenso wie die Hauptfigur Ofterdingen und natürlich auch der sagenhafte Magier Klingsor.

Trotz allem oder gerade deswegen ist der Sängerkrieg eines der interessantesten und phantasievollsten Ereignisse des hohen Mittelalters. Gerade weil sich um ihn so viel Zweifelhaftes rankt, bleibt die Sage reizvoll bis in unsere Zeit. Doch ging Bechstein noch weiter. Bei der Ankunft Klingsors und Ofterdingens am 7. Juli 1207 im erwähnten Gasthaus Hellgrevenhof soll der Ungar noch die Geburt eines Mädchens vorhergesagt haben: Elisabeth von Sarospatok, Tochter Gertruds von Andechs-Meran und König Andreas' II. von Ungarn.

Hermanns grenzenloses Expansionsstreben und seine kluge Heiratspolitik brachten bald abgesandte Werber nach Ungarn. Ihr Erfolg war gegeben; 1211, im kindlichen Alter von vier Jahren, wurde Elisabeth nach Thüringen gebracht. Die Erziehung des Kindes muß außerordentlich religiös verlaufen sein, wie sonst könnte sich ihr späterer tiefer Glaube erklären. Ihre Freundin Gunda berichtete, daß Elisabeth schon als Kind mit den Armen spielte und ihnen Almosen schenkte.

Zunächst war sie kurze Zeit nach ihrer Ankunft am Hofe der Ludowinger mit Hermanns gleichnamigem Sohn verlobt worden. Allerdings starb er 1216, wenige Monate vor dem Vater. Zwei Jahre danach war ein anderer Sohn, Ludwig, nach mittelalterlichem Recht volljährig und erhielt die Schwertleite und den Landgrafentitel. Zwischen Elisabeth und dem jungen Herrscher kam es zu einer tiefen Zuneigung, die 1221 zur Ehe führte. Der Biograph Günter Hoppe vergleicht die Wertungen der Geschichtsschreiber: Dietrich von Apolda schilderte die Ehe mit Ludwig in den prächtigsten Farben, der Onkel Konrad von Marburg bemerkte noch zu Ludwigs Lebzeiten, daß Elisabeth bereue, sich überhaupt vermählt zu haben. Caesarius von Heisterbach vermutete sogar, daß sie gegen ihren Willen zur Ehe gezwungen worden war. Wie auch immer, geblieben ist der Ruf einer barmherzigen jungen Frau, die mit außerordentlicher Aufopferung für die Armen und Kranken lebte. In der Legende vom Rosenwunder

Moritz von Schwind,
DIE LEGENDE VOM ROSENWUNDER,
Fresko in der Elisabethgalerie, 1854/55

zeigt sich der ganze Zwiespalt der Wertung von Elisabeths Lebensaufgabe. So muß es nicht wenige Stimmen am Hofe gegeben haben, die sich vom Ideal christlicher Barmherzigkeit abkehrten und sogar prinzipiell gegen Elisabeths Verbleib in Thüringen waren. Welche Stellung Ludwig IV. dabei einnahm, läßt sich nicht ermitteln. Unterhalb der Burg war durch die Landgräfin ein Armenhospital eingerichtet worden. In tiefer Verehrung der Bettelmönche, vor allem des Ordens des Franziskus von Assisi, entwickelte sich auch Elisabeths Armutsideal. Geprägt durch die Not breiter Bevölkerungsschichten, durch ein Gefühl für die Unchristlichkeit der Zustände, an denen ihr Herrschaftsstand Schuld hatte, konnte sie sich ganz im Gegensatz zu Konrad von Marburg bedingungslos in die Mission der Minderbrüder einleben. Sie kapselte sich dadurch ab vom weitschweifigen Leben der Familie und nahm an einer frühen sozial-religiösen Reformbewegung der katholischen Kirche teil. Das Rosenwunder (S. 37) beschreibt Elisabeths Not, sich entgegen den Erwartungen von einer Landgräfin heimlich der übriggebliebenen Speisen am Hofe bemächtigen zu müssen, um sie den Armen zu bringen. Beim Heruntertragen von Brot in ihr Hospital traf sie Mitglieder des Hofes, der Familie, sogar ihren Gemahl. Dem offensichtlich ausgesprochenen Verbot dieser Handlung wurde eine Notlüge entgegengesetzt, nachdem die Lebensmittel eilig unter dem Mantel versteckt worden waren. Elisabeth behauptete, Rosen zu verbergen. Die mißbilligte Tat soll durch ein Wunder aufgehoben worden sein. Als die Landgräfin trotz wortreicher Beteuerung das Gewand öffnen mußte, waren aus dem Brot Rosen geworden.

Elisabeths Ideale, ihre Bestimmung als demütige Verfechterin der Ordensregeln der Franziskaner, scheinen im Widerspruch zur Räson gestanden zu haben, ihrem Manne drei Kinder gebären zu müssen. Ein Jahr nach der Heirat, 1222, war Hermann geboren worden. Er vermählte sich mit Helene von Braunschweig, starb aber schon neunzehnjährig. Die erste Tochter Elisabeths, Sophie, sollte nach dem Aussterben der männlichen Linie der Ludowinger als Gemahlin Heinrichs II. von Brabant um das Thüringer Erbe streiten. Die jüngere Tochter Gertrud wurde Nonne, Äbtissin im Kloster Altenberg, und lebte bis 1297. In ihrem Dasein sollte sich das barmherzige Werk der Mutter fortsetzen.

Die Witwe Elisabeth verließ die Wartburg 1228, ein Jahr nach Ludwigs Tod auf dem Weg in den Kreuzzug. Ihr Beichtvater Konrad rief sie nach Marburg. In den ihr lediglich noch verbleibenden drei Lebensjahren verband sie sich ganz mit dem Armutsideal des heiligen Franziskus.

DIE BARMHERZIGEN TATEN ELISABETHS,
Blatt aus dem Krumauer Bilderkodex,
Böhmen, 14. Jahrhundert,
Original in der Österreichischen Nationalbibliothek, Wien

1231 starb die junge Frau, deren Leben so verheißungsvoll begonnen hatte, im Alter von 24 Jahren. Nur vier Jahre später erfolgte die Heiligsprechung durch Papst Gregor IX. Sie war von Konrad nicht uneigennützig betrieben worden, obwohl er sie selbst auch nicht mehr erleben konnte. Er hatte sich den Ruf eines Ketzermeisters erworben, der rücksichtslos die Politik des Scheiterhaufens vertrat. 1233 wurde Konrad auf offener Straße erschlagen.

Nach Ludwigs IV. Tod 1227 und Elisabeths Verlassen der Burg im Jahr danach sollte der Bruder Heinrich Raspe IV. der letzte Thüringer Landgraf ludowingischer Herkunft sein. Trotz dreier Ehen mit Elisabeth von Brandenburg (?), Gertrud von Österreich und Beatrix von Brabant konnte die Erbfolge nicht fortgesetzt werden, Nachwuchs stellte sich nicht ein.

Bereits 1227 war Heinrich Raspe als Vormund für den fünfjährigen Sohn Elisabeths und Ludwigs, Hermann II., eingesetzt worden. Mit dem Bruder Konrad, der vom Kaiser ebenfalls als Landgraf bezeichnet wurde, richtete Heinrich seine Bestrebungen auf den Erhalt des Territoriums. Dabei müssen Augenmerk und Interesse vor allem Hessen gegolten haben, denn nach Hermanns Mündigkeit wäre die

39

ELISABETHKEMENATE IM PALAS,
Detail, Glasmosaik mit der Darstellung der Brautwerbung,
Entwurf von August Oetken, 1902

Trennung wieder erfolgt. Heinrich hätte Hessen erhalten. Zur Sicherung der Macht veranlaßte er hier Stadtgründungen: 1231 Wolfhagen
in Niederhessen, 1236 Frankenberg im Edertal zur Kontrolle der Bat-
tenberger Grafen. 1234 wurde der zwölfjährige Hermann nach gel-
tendem Recht mündig, Konrad mußte sich aus der ludowingischen
Territorialpolitik zurückziehen, da eine Dreiteilung des Landes nicht
vorgesehen war. Nach dem Tod Hermanns von Salza wurde er Hoch-
meister des Deutschen Ritterordens, starb aber bereits 1240. Hermann II. folgte ihm ein Jahr später. Heinrich Raspe IV. hielt trotz
zweier Bannungen Friedrichs fest zum Kaiser. So wurde er 1241/42
zum Reichsprokurator bestellt. Mit dem Tod Gregors IX. und der
Wahl Sinibald Fiescos im Juni 1243 zum Papst Innozenz IV. ging das
Bündnis der Ludowinger mit den Staufern zu Ende. Heinrich legte
das Verweseramt ab und schloß sich Anfang 1244 dem Papst an. Über
die Köpfe des Erzbischofs von Mainz und der Äbte von Hersfeld und
Fulda bestätigte Innozenz dem Landgrafen sämtliche Kirchenlehen.
Auf dem Konzil von Lyon 1245 setzte der Papst Kaiser Friedrich II.
ab und entschied sich noch im gleichen Jahr für Heinrich Raspe als
Gegenkönig. Dabei spielten sicher verschiedene Faktoren eine
Rolle. So war es bereits zu jener Zeit wahrscheinlich, daß Heinrich

ELISABETHKEMENATE,
südlicher Raum des Palas-Erdgeschosses

SOGENANNTE HEINRICH-RASPE-FIGUR,
Eiche, Ende 13. Jahrhundert,
Original im Thüringer Museum Eisenach

der letzte Ludowinger sein würde. Das landgräfliche Territorium schloß sich an das des mächtigen Mainzer Erzbischofs an, und schließlich war Heinrich der Schwager der heiligen Elisabeth gewesen, Marburg hatte sich mit ihrer Grabstätte zum Kulturmittelpunkt der Christenheit herausgebildet. 1246 wurde Heinrich Raspe IV. zum deutschen König gewählt, ein Jahr später starb er auf der Wartburg. Der Palas war gerade wenige Jahrzehnte alt, die Burganlage neu. Wer sie in Zukunft beherrschen und bewohnen durfte, sollte erst nach kriegerischer Auseinandersetzung Klärung finden.

Wären Heinrich Raspe weitere Lebensjahre verblieben und Söhne beschieden gewesen, die deutsche Geschichte der Folgezeit hätte einen anderen Verlauf nehmen können. Die Verbindung zum Deutschen Ritterorden war eng, die päpstlichen Mittel flossen beständig. Im August 1246 besiegte Heinrich Raspe ein Heer des Stauferkönigs Konrad IV. unweit von Frankfurt am Main. Die Belagerung der Reichsstadt Ulm im folgenden Winter blieb hingegen ohne Erfolg.

Hätte der »Pfaffenkönig« trotzdem Chancen gehabt, deutscher Kaiser zu werden? Wäre die Wartburg Reichsburg und Eisenach eine der blühenden Handelsstädte des Mittelalters geworden? Wir wissen es nicht. Statt dessen mußte die Thüringer Bevölkerung unter den Machtkämpfen leiden, die die Parteien hinsichtlich ihrer Erbansprüche entfachten.

VOM ERBFOLGEKRIEG ZU LUTHERS PATMOS

Mit Heinrich Raspes IV. Tod war nach weniger als 200 Jahren das Geschlecht der ludowingischen Landgrafen ausgestorben. Die natürliche Erbfolge blieb aufgrund der Kinderlosigkeit aus, ein Krieg um Thüringen brach an. Männliche Nachfahren in direkter Linie fehlten, Bruder Ludwig IV. war 1227, Bruder Konrad 1240 gestorben, auch der Neffe Hermann II. 1241 verschieden. Um das thüringisch-hessische Erbe stritten Schwesternkinder und Neffen: Heinrich der Erlauchte, Markgraf von Meißen, Sohn von Heinrich Raspes Halbschwester Jutta sowie Sophie, Tochter Elisabeths und Ludwigs IV., Gemahlin Heinrichs II. von Brabant. An sich war Heinrich der Erlauchte schon seit 1247 Landgraf von Thüringen. Raspe hatte bereits 1243 für ihn die Eventualbelehnung von Friedrich II. erhalten. Heinrich, der Sohn Dietrichs IV. von Meißen, sollte die Tradition der Förderer der Dichtkunst im Sinne seines Großvaters Hermanns I. fortsetzen. Heinrich von Morungen, aber auch Walther von der Vogelweide, hatten zu den Günstlingen Dietrichs gehört. Die Wartburg spielte dabei allerdings eine untergeordnete Rolle, sie war an den Rand eines Imperiums gedrängt.

Nach 16 Jahren, 1263, endete der Krieg. Sophie erhielt Hessen, das dadurch für immer von Thüringen abgespalten wurde, Heinrich der Erlauchte übernahm Thüringen und gab es an seinen Sohn Albrecht weiter; der andere Sohn, Dietrich von Landsberg, erhielt die Pfalzgrafschaft Sachsen. Nach Heinrichs Tod 1288 konnte Albrecht Thüringen und Sachsen vereinigen. Spätestens nach der Schlacht bei Lucka im Jahre 1307 hatte das Haus Wettin endgültig in Thüringen Fuß gefaßt.

Über die zweite Hälfte des 14. und das gesamte 15. Jahrhundert hat die Geschichte wenig Spuren auf der Wartburg hinterlassen. 1406 starb der letzte auf der Burg residierende Landgraf Balthasar. Er soll ein ausschweifendes Leben geführt haben, glaubt man den Chroniken. Der große Aufwand seiner Hofhaltung sollte die vergangene Blütezeit der Vorfahren zurückbringen. Der durch die Minnedichtung besungene Glanz des Rittertums war längst verblichen.

FACHWERKBAUTEN DER VORBURG,
zweite Hälfte 15. Jahrhundert

In der zweiten Hälfte des 15. Jahrhunderts wurden die Fachwerkbauten des vorderen Hofes errichtet. Das heutige Torhaus an der
Zugbrücke war zu jener Zeit noch Turm, der 100 Jahre später bei einem Brand zerstört werden sollte. Neu erbaut wurden Ritterhaus,
Burgvogtei und zwei überdachte Wehrgänge, sicher unter Einbezie-
hung von Vorgängerbauten. Über die westliche Wartburgseite soll
Margarethe, die Gemahlin Albrechts von Meißen, geflohen sein
(S. 47). Albrecht fühlte sich zu seiner Geliebten Kunigunde von Ei-
senberg hingezogen und plante den Mord an seiner Frau. Margarethe
konnte ihren Sohn Friedrich auf der Flucht nicht mitnehmen. In ihrer
Verzweiflung biß sie dem Sohn ein Erinnerungsmal in die Wange. Albrecht brachte die Legende den Beinamen »der Entartete« ein, der
Sohn hieß Friedrich »der Gebissene« oder der »Freidige«. Während
seiner Herrschaft entfaltete sich um 1320 noch einmal eine rege Bau-
tätigkeit auf der Burg, die infolge eines Brandes durch Blitzschlag
stark gelitten hatte. Darüber war bereits berichtet worden.
    Von der ursprünglichen Ausstattung der Palaskapelle Friedrichs
des Freidigen blieb leider nur wenig erhalten. Von der gotischen Aus-

PALASKAPELLE, um 1320

malung zeugt lediglich ein Rest im rechten nördlichen Bogenfeld mit einem Fragment der Wandmalerei. Wahrscheinlich handelt es sich hier um die Darstellung von sechs Aposteln, die von Spruchbändern umgeben sind. Nur eine Figur ist genau zu identifizieren: Petrus mit seinem Attribut, dem Schlüssel, als Zweiter von rechts. Die historisierende Ausschmückung des 19. Jahrhunderts, aber auch schon vorangegangene Zeiten haben die Malerei zerstört. Ihre Datierung bestätigt den Einbau der Zwischenwand in den Sängersaal in der ersten Hälfte des 14. Jahrhunderts. Eine Fensteröffnung in dieser Wand ermöglichte ein Verfolgen der Gottesdienste vom Sängersaal aus.

Für eine Befestigung des vorderen Burghofes schon unter Friedrich dem Freidigen spricht viel. Ein Ausbau des Haupthofes mit einem modernen Fachwerkhaus, das Rothe als die »schone grosse houfedornzin« bezeichnete, die Errichtung der südlichen Ringmauer mit einem starken Befestigungselement, dem heutigen Südturm, müßte auch einen wehrhaften Vorhof eingeschlossen haben. Vielleicht hatten die Brände sogar bis auf die vorderen Burgbereiche übergreifen können. Warum entschloß sich Friedrich, eine halbzerstörte Burg wiederzuerrichten, wenn sie nicht als Residenz dienen sollte?

Wenn Landgraf Balthasar noch zwei Generationen danach berau-

WESTLICHER WEHRGANG,
sogenannter Margarethengang,
zweite Hälfte 15. Jahrhundert

schende Feste der Reminiszenz an seine berühmten Vorfahren und ihre Kultur feiern konnte, muß auch die Bausubstanz die entsprechende Kulisse geboten haben. Die Forschung hat sich in der Vergangenheit zu wenig um die zwischen den epochalen Höhepunkten der Wartburggeschichte liegenden Zeiträume bemüht. Tatsache ist, daß die Burg um 1400 und auch noch im 15. Jahrhundert in relativ gutem Zustand gewesen sein muß, um die nötige Sicherheit für die Insassen zu gewähren. Sie war allerdings auch in Vergessenheit geraten, sonst hätte sie nicht ein Mann wie Martin Luther als sein »Patmos« — seine Insel — bezeichnen können. Sonst wäre auch nicht Kurfürst Friedrich der Weise auf die Idee gekommen, einen Verfemten, Geächteten auf der Wartburg in Schutzhaft zu nehmen.

Am 17. April 1521 war Luther auf dem Reichstag zu Worms durch den erst kurz zuvor gewählten Kaiser Karl V. geächtet worden. Wie war es dazu gekommen? Der Augustinermönch Martinus hatte 1512 die biblische Professur an der Universität Wittenberg übernommen. Die religiöse Überzeugung Luthers, geprägt durch die Augustinischen Lehren, befand sich schon bald in starkem Widerspruch zur katholischen Scholastik des Mittelalters. Zentraler Streitpunkt war der Ablaßhandel beispielsweise eines Johannes Tetzel. Mit Geld konnten Gläubige von den eigenen Sünden losgekauft werden. Frömmigkeit und Seligkeit waren erwerbbar.

Der am 10. November 1483 in Eisleben geborene Martin, Sohn von Margarethe und Hans Luther, hatte 22jährig gelobt, Mönch zu werden. Ein Blitz schlug neben ihm ein und tötete seinen Freund. Dieses Erlebnis soll für die Entscheidung ausschlaggebend gewesen sein. Zwei Jahre danach wurde Luther zum Priester geweiht, 1508 nach Wittenberg gerufen, um an der Universität Moralphilosophie zu lehren. Ein Jahr später kehrte er zum Orden zurück nach Erfurt und unterrichtete Dogmatik. 1511 erfolgte die erneute Berufung nach Wittenberg. Luther übernahm den dortigen Theologielehrstuhl und promovierte im Jahr darauf.

Alles kulminierte in der Anbringung der 95 Thesen als wissenschaftliches Streitpapier gegen den Ablaß am 31. Oktober 1517 an der Wittenberger Schloßkirche. Der Tag, der der Beginn der weltweiten Reformierung der Kirche werden sollte, war von Luther nicht vorausgesehen worden.

Papst Leo X. ging gegen den Prediger vor. Er verlangte die Überstellung nach Rom, später dann zu Kardinal Cajetan, dem Legaten in Deutschland. Dies geschah 1518 in Augsburg, jedoch ohne Ergebnis. Luther bestand auf Einberufung eines Konzils. Die Schar der Gegner nahm ebenso zu wie die der Freunde. Luthers leidenschaftlicher Kampf wurde durch Theologen wie Andreas Bodenstein (Karlstadt), durch Humanisten wie Philipp Melanchthon oder Ulrich von Hutten unterstützt. 1520 verfaßte er die programmatische Schrift »An den christlichen Adel deutscher Nation von des christlichen Standes Besserung«. Der Papst bekräftigte seine Forderung nach Widerruf. Die Bannandrohungsbulle war von Luther verbrannt worden, die Bannung daraufhin am 3. Januar 1521 vollzogen. Der Einsatz sympathisierender weltlicher Gewalten konnte zunächst das Schlimmste verhindern und eine nochmalige Aufforderung Luthers vor den Wormser Reichstag bewirken. Zu jenen gehörte auch Luthers Kurfürst Friedrich der Weise von Sachsen.

Die Anhörungen dauerten mehrere Tage. Der Kaiser erließ das

Lucas Cranach d. Ä. (1472—1553),
MARTIN LUTHER ALS JUNKER JÖRG,
um 1521, Original in den Kunstsammlungen zu Weimar

»Wormser Edikt«, das Luther und seine Anhänger als Ketzer und für vogelfrei erklärte. Die Reichsacht war verhängt und sollte nach drei Wochen in Kraft treten. Am 26. April 1521 verließ Luther Worms, um sich nach Wittenberg zu begeben. Am Abend des 1. Mai kam er in Eisenach an, wo er so regen Zuspruch fand, daß er am darauffolgenden Tag predigte. Am 3. Mai begaben sich Martin Luther und seine Freunde Nikolaus Amsdorf und Johann Petzensteiner nach Möhra, dem Geburtsort des Vaters. Am Tage danach begann die Weiterreise in Richtung Wittenberg. Bei Schloß Altenstein wurde die Fahrt jäh unterbrochen, Luther aus dem Wagen gerissen und entführt. Zunächst ging es in Richtung Brotterode, wohl um die Spuren zu verwischen, dann aber nach Eisenach.

Nachts um elf Uhr kamen sie auf der Burg an. Hans von Berlepsch, der kurfürstliche Burghauptmann und Kommandant des Schlosses Wartburg, gilt als einer der Initiatoren der Entführung. Luther ließ sich in Schutzhaft nehmen. Er durfte die Räume der Vogtei nicht verlassen und mußte sein Aussehen durch Bart und weltliche Kleidung verändern. Von nun an war er der Junker Jörg (S. 49). Sein Freund Georg Spalatin, der Hofprediger und Geheimschreiber des Kurfürsten, sollte für die nächste Zeit wichtiger Briefpartner sein und die Feinde Luthers durch Täuschungsmanöver vom tatsächlichen Aufenthaltsort abbringen. So verfaßte Luther am 15. Juli 1521 einen Brief, den Spalatin absichtlich verlieren sollte, und in dem es hieß:

»Jesus. Sei gegrüßt: Ich höre, es wird ein Gerücht ausgestreut, der Luther sei in der Burg Wartberg bei Eisenach. Das vermuten die Leute, weil ich dort im Wald gefangen wurde. Aber während sie es meinen, bin ich hier sicher geborgen, nur der Glaube der Klosterbrüder, die mich umgeben, ist bei mir. Wenn meine veröffentlichten Bücher es erfordern, will ich meinen Aufenthaltsort ändern. Es ist wunderbar, daß niemand an Böhmen denkt. Der heilige Georg, Herzog von Sachsen, ist noch immer sehr aufgebracht, wie ich höre. Möge es ihm wohltun, wenn er in Wut geraten will, solange er Papist ist.« (Die Briefzitate des Reformators wurden entnommen aus: von Hintzenstern, Herbert: Martin Luther, Briefe von der Wartburg, Eisenach, 1984.) Zuvor hatte Luther schon kurz nach seiner Ankunft am 14. Mai 1521 Spalatin geschildert, wie er die Zeit verbringe:

»Ich habe hier nichts zu tun und sitze wie benommen den ganzen Tag herum. Ich lese die griechische und die hebräische Bibel. Ich will eine Abhandlung in deutscher Sprache über die ›Freiheit vom Zwang zur Ohrenbeichte‹ schreiben. Mit der Auslegung des Psalters will ich fortfahren, die Postille werde ich fortsetzen, sobald ich aus Wittenberg erhalte, was ich brauche, . . .« Im folgenden beschreibt Luther

TITELBLATT
der bei Hans Lufft in Wittenberg gedruckten
zweiten Ausgabe der Lutherbibel, 1541

den Verlauf der Reise aus Worms bis hin nach Altenstein. Er schließt
mit der Schilderung seines Äußeren: »So bin ich nun hier, meine
Kutte hat man mir abgenommen und ein Reitersgewand angezogen.
Ich lasse mir Haare und Bart wachsen. Du würdest mich schwerlich
erkennen, da ich mich selber schon nicht mehr wiedererkenne. Jetzt
lebe ich in christlicher Freiheit, frei von allen Gesetzen jenes Tyran-
nen, . . .«

Der Gedankenaustausch erfolgte darüber hinaus auch mit anderen
Freunden wie Melanchthon, Amsdorf oder Gerbel. In der Bevölke-

Lucas Cranach d. Ä.,
MARTIN LUTHER, 1526

rung waren die Vorgänge mit großer Bestürzung aufgenommen worden. Luthers reformatorische Bewegung hatte viele Anhänger gefunden, die hohes Ansehen genossen und hervorragende Vertreter des deutschen Bürgertums waren: Dürer, Pirckheimer, Cranach. An seinen Freund, den Maler Lucas Cranach d. Ä., Ratsherrn und Bürgermeister von Wittenberg, den Illustrator seiner Schriften, hatte er schon vor der Gefangennahme aus Frankfurt geschrieben, daß er sich in Sicherheit bringen lassen werde.

Nur einmal verließ der Reformator die Wartburg, um sich für wenige Tage in sein Wittenberg zu begeben, von wo er Nachrichten über

Lucas Cranach d. Ä.,
KATHARINA LUTHER, GEBORENE VON BORA,
1526

Unruhen erhalten hatte. Spätestens nach der Rückkehr war die kommende Aufgabe klar umrissen, die Übersetzung der Bibel in ein verständliches Deutsch.

Im Dezember 1521 begann Luther mit der Übertragung des Neuen Testaments aus dem griechischen Urtext unter Zuhilfenahme der lateinischen Vulgata, die auf den heiligen Hieronymus zurückgeht. Nur die Verwendung des alten griechischen Textes konnte Veränderungen und Verfälschungen beseitigen, die sich in den lateinischen Übersetzungen, im autorisierten Text der katholischen Kirche, verbargen. Dadurch konnte Luther versuchen, die bestehende Formel

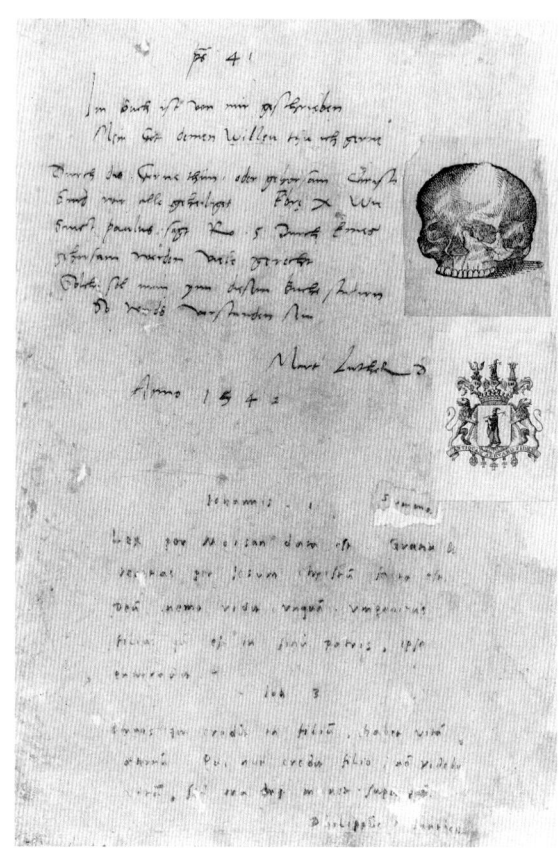

DRITTE UMSCHLAGSEITE DER BIBEL,
Wittenberg, 1541,
Exemplar mit handschriftlichen Eintragungen
Luthers und Melanchthons

durch eine wahrhafte Verdeutschung des Gotteswortes zu ersetzen.
Herausragend an der Bibelübersetzung ist auch die sprachwissenschaftliche Leistung Martin Luthers. Bislang hatte es mehrere Litera-
tur- und Schriftsprachen in Deutschland gegeben.

Luther bediente sich der kursächsischen Kanzleisprache, die in
Thüringen und Sachsen gebräuchlich war, andernorts aber auch ver-
standen wurde. Sie war durchaus volksnah und kam ohne Latinismen
aus. Das Sächsisch-Thüringische war auch Luthers Muttersprache,
der sich die Eltern bedienten, die beim Schulbesuch in Eisenach oder

auch in Erfurt, wo er studiert hatte, gesprochen wurde. Über Luthers sprachwissenschaftliche Leistung hatte Goethe 1819 an Blumenthal geschrieben:»Die Deutschen sind ein Volk erst durch Luther geworden!« Das Neue Testament war nach vier Monaten Wartburgaufenthalt übersetzt. Am 1. März 1522 verließ der Reformator die Burg, um nach Wittenberg zurückzukehren. Mitte Januar hatte er bereits Spalatin mitgeteilt, daß er die Wartburg zu verlassen gedenke, Anfang Februar war auch der Kurfürst von ihm informiert worden.

Am 6. März langte Luther in Wittenberg an, am 9. März begann er bereits wieder zu predigen. Im Mai 1522 redigierte Melanchthon das Manuskript der Übersetzung des Neuen Testaments, im September erschien eine erste, im Dezember eine zweite Ausgabe im Druck. Weitere Revisionen folgten bis 1545/46.

1525 heiratete Martin Luther die ehemalige Nonne des Zisterzienserordens Katharina von Bora (S. 53).

1530 schrieb er im»Sendbrief vom Dolmetschen« noch einmal über seine Übersetzungsarbeit:»Denn man muß nicht die Buchstaben in der lateinischen Sprache fragen, wie man soll deutsch reden, wie diese Esel tun, sondern man muß die Mutter im Hause, die Kinder auf der Gasse, den gemeinen Mann auf dem Markt drum fragen und denselbigen auf das Maul sehen, wie sie reden, und danach dolmetschen, so verstehen sie es denn und merken, daß man deutsch mit ihnen redet.« Im September 1534 erschien die erste hochdeutsche Vollbibel in Wittenberg, 1539 der erste Band einer Gesamtausgabe der Schriften Luthers.

Im Januar 1546 war Luther mit seinen Söhnen nach Eisleben gereist, um Streit zwischen den Mansfelder Grafen zu schlichten. Am 18. Februar ereilte ihn hier der Tod im Alter von 62 Jahren. Seine Bibel war zum ersten Buch des deutschen Volkes geworden.

Die Burgvogtei, in der Luther untergebracht war, gilt als das Kavaliersgefängnis der Wartburg. Von einem schmalen Gang aus führten mehrere Türen zu den einzelnen Räumen. Sein Zimmer (S. 57) besaß Fenster nach Westen mit Butzenscheiben. Decken und Wände sind mit Holzbrettern ausgekleidet, der Fußboden ist mit einer Estrichschicht bedeckt. Die Einrichtung des Raumes war sparsam: Tisch, Stuhl, ein Walwirbel als Fußschemel, hinter einem Verschlag ein Bett. Die heutige Vogteitreppe zur Lutherstube ist spätere Zutat, ebenso wie der grüne Kachelofen, der erst im 19. Jahrhundert bei Grabungen auf dem Burggelände gefunden und hier eingebaut worden war. Zuvor befand sich an seiner Stelle eine offene Kaminanlage. Die Legende von der Erscheinung des Teufels, die sich in der Romantik großer Beliebtheit erfreute, und die durch die stetige Erneue-

DER SÜDTURM,
Aufnahme um 1920

rung des Flecks, den das von Luther nach dem Satan geworfene Tintenfaß hinterließ, immer wieder neue Nahrung erhielt, wird auch weiterhin zu den bleibenden Wartburganekdoten zählen. Zahlreiche Pilger kamen schon im 16. Jahrhundert, um Luthers Patmos zu besichtigen. Sie zerschnitzten auch den Tisch, an dem der Reformator gearbeitet hatte.

Nach einem halben Jahr Wartburgaufenthalt, im Schutz vor Bann und Acht, hatte Luther auch dem Vater geschrieben: »Es ist jetzt fast 16 Jahre her, daß ich gegen Deinen Willen und ohne Dein Wissen Mönch wurde . . . Ich schicke Dir nun dieses Buch, damit Du erkennst, mit welchen Zeichen und Kräften mich Christus von dem Mönchsgelübde losgesprochen hat und mit welcher Freiheit er mich beschenkte, so daß ich, obwohl er mich zum Knecht aller gemacht hat, dennoch niemand Untertan bin als ihm allein. Denn er selbst ist — wie es (in der Kirchensprache) heißt — mein ›unmittelbarer‹ Bischof, Abt, Prior, Vater und Meister. Einen anderen kenne ich nicht mehr. So hat er — wie ich hoffe — Dir einen Sohn geraubt, um durch mich den Anfang zu machen, vielen anderen Söhnen zu helfen . . . Mit unserm Leben und mit unserer Stimme wollen wir bezeugen, daß Jesus Christus allein unser Herrgott ist. Der sei gelobt von Ewigkeit zu Ewigkeit. Amen. In ihm lebe wohl, liebster Vater, und grüße in Christus meine Mutter, Deine Margarete, mit der gesamten Verwandtschaft!«

Die Wartburg beherbergte auch andere Gefangene unter weitaus ungünstigeren Bedingungen. Für das Jahr 1539 verzeichnen die Akten Aufwendungen für den Unterhalt von Wiedertäufern, die in zwei Türmen eingekerkert waren (S. 58).

Die Reformation verlief nicht einheitlich. Spätestens in den zwanziger Jahren des 16. Jahrhunderts hatte sich die sozial-religiöse Bewegung des Täufertums herausgebildet. Zur Volksbewegung entwickelten sich die Täufer durch die Niederlage im Bauernkrieg im Jahre 1525. Müntzer-Anhänger wie Melchior Rink traten zum Täufertum über. Alle Obrigkeiten, sowohl weltliche als auch kirchliche, wurden abgelehnt, Kriegsdienste verweigert. Die Taufe der Erwachsenen war äußeres Zeichen. Die Ideen der Bewegung werden durch die im 17. Jahrhundert in England entstandenen Baptisten weitergeführt. Der Widerstand der Täufer erfolgte meist passiv, Repressalien wurden geduldig ertragen. Das kaiserliche Mandat vom Reichstag zu Speyer 1529 verfügte die erbarmungslose Verfolgung aller Vertreter der Glaubensrichtung, die nicht zur Distanz, zum Abschwören bereit waren. Die Auslegung des Mandates durch die Landesfürsten erfolgte unterschiedlich. Georg von Sachsen ließ hinrichten. Landgraf

BLICK IN DIE LUTHERSTUBE der Burgvogtei

DER SÜDTURM,
Aufnahme um 1920

RAUM IM SÜDTURM
mit dem »Angstloch«, dem einzigen Zugang
zum zehn Meter tiefen Verlies

Philipp von Hessen, der im Bauernkrieg in Thüringen eine so unpopuläre Haltung eingenommen hatte, verwies die Täufer lediglich des Landes. Unterstützung fanden beide im Wort gegenreformatorischer Fanatiker und katholischer Moralisten wie dem Eisenacher Prediger Justus Menius.

Das Amt Hausbreitenbach, das zu den Hochburgen der thüringischen Täuferbewegung gehörte, wurde von Hessen und Sachsen (Thüringen) gemeinsam verwaltet. Die Uneinigkeit der beiden Landesherren verhinderte Entscheidungen. Der Bauer Fritz Erbe aus Herda war schon Anfang der dreißiger Jahre des 16. Jahrhunderts wegen Verweigerung der Kindstaufe und Beherbergung einer verfolgten Täuferin in Haft genommen worden. Eine erneute Einkerkerung im Storchenturm an der Eisenacher Stadtmauer 1533 sollte den Anfang eines fünfzehnjährigen Leidens bilden. Das Gefängnis war

NAMENSZUG DES TÄUFERS FRITZ ERBE
in der Südwand des Verlieses

auf Dauer nicht gut gewählt. Wer in die Nähe kam, konnte sich mit Erbe zumindest akustisch verständigen. Unruhen befürchtend, ließ der Eisenacher Stadtrat den Gefangenen 1540 auf die Wartburg bringen. Im Verlies des Südturms (S. 59) mußte er bis zum qualvollen Tod 1548, der durch Krankheiten und Entkräftung beschleunigt wurde, aushalten. Alle Bekehrungsversuche schlugen fehl. Die Standhaftigkeit des Bauern rang sogar Eberhard von der Thann, dem Burghauptmann und entschiedenen Gegner der Täuferbewegung, Bewunderung ab. 1925 wurde der Namenszug Erbes, in einen Stein der Südwand des Turmes eingeritzt, gefunden (S. 60).

Auch Martin Luther stand der Bewegung kritisch gegenüber. Er befürwortete die Kindstaufe und verfaßte das Vorwort zu Justus Menius' Schrift gegen die Täufer (S. 61).

ZERFALL UND WIEDERENTDECKUNG —

GOETHEAUFENTHALTE UND WARTBURGFEST
DER DEUTSCHEN BURSCHENSCHAFTEN

Nach Luthers Zeit und Erbes Tod war die Wartburg die kommenden Jahrhunderte wieder unter den Schleier der Vergessenheit geraten. Aussagefähige Bau- und Rechnungsakten der Burg verbrannten 1945 bei ihrer Auslagerung unweit Weimars. Spärliche Auszüge und Interpretationen des 19. Jahrhunderts sind die einzigen Anhaltspunkte für die konkrete Forschung.

Immer wieder waren Handwerker auf die Wartburg gerufen worden, um Schäden zu reparieren. Der Palas scheint am stärksten betroffen gewesen zu sein. Um 1525 ersetzten Bauleute die schweren Dachziegel durch Schindeln. 60 000 Ziegel sollen dabei abgetragen worden sein. Die sächsischen Kurfürsten bestellten mehrmals Bausachverständige, die über den Zustand der Wartburg zu berichten hatten. Fernab in ihren Residenzen waren sie wohl höchst selten oder nie auf der Landgrafenfeste ihrer Vorfahren gewesen.

Johann Friedrich I. ließ in den dreißiger und fünfziger Jahren des 16. Jahrhunderts größere Reparaturen ausführen. So beorderte er den bekannten Baumeister Nickel Gromann auf die Burg. Erforderliches Material wurde beim Abriß von Kirchen und Klöstern gewonnen, Sandstein für eine Säule heraufgeschafft.

1522 war das Kellergeschoß des Palas als Pferdestall eingerichtet worden. Dafür brach man den großen, bis heute erhaltenen Torbogen in die Westwand des Landgrafenhauses. Nickel Gromann erstellte 1558 Pläne für einen festungsartigen Ausbau der Wartburg. Moritz von Sachsen hatte Städte wie Leipzig zu großen Festungen mit vorgelagerten Bastionen verstärken lassen, um drohenden Kriegsgefahren zu begegnen. Die Ausführung solcher Vorhaben auf der Wartburg kam glücklicherweise nicht zustande.

Erst aus dem 17. Jahrhundert stammen die frühesten authentischen Wartburgdarstellungen. Sie zeigen noch zwei Türme, den südlichen und einen gedrungenen runden Turm mit spitzem Kegeldach, der sich an der Stelle des heutigen Bergfrieds befand.

Friedrich Adolph Hoffmann hatte um 1750 in kleinen Zeichnungen die Burg »mit besonderem Fleiße« genau beschrieben (S. 63). Der dicke Bergfried ist verschwunden, die Anlage besitzt nur noch einen

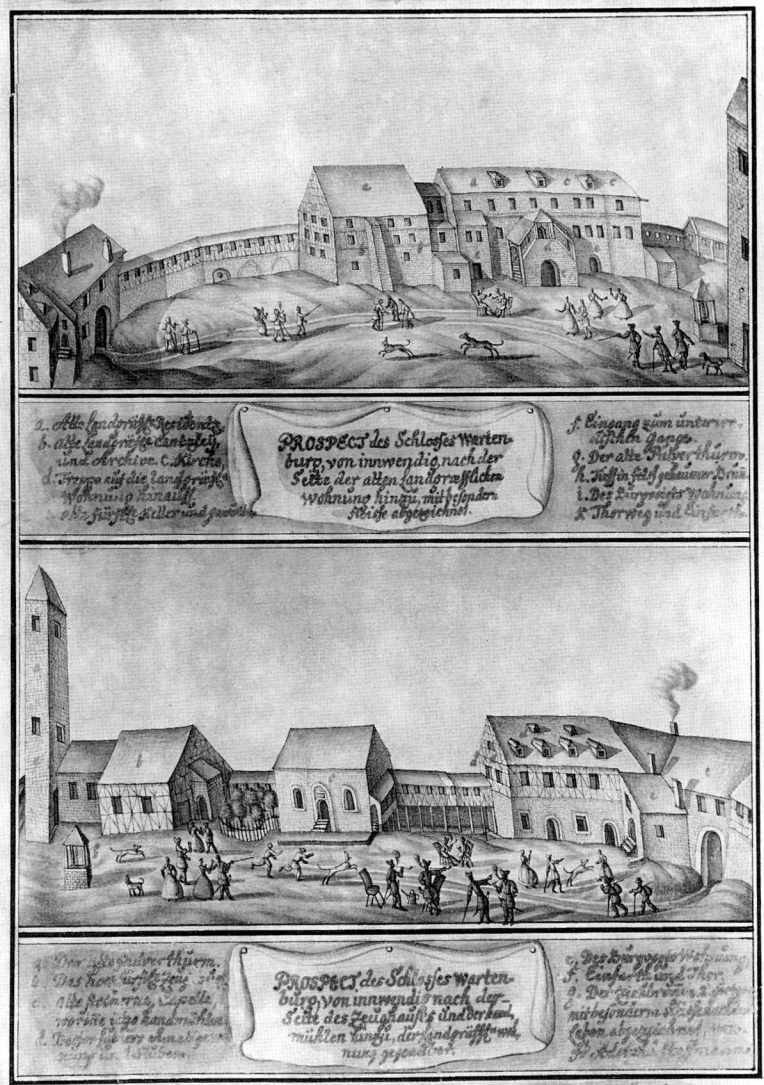

Friedrich Adolph Hoffmann,
BESCHREIBUNG DER HÖFE DER WARTBURG,
lavierte Tuschezeichnung, um 1750

Georg Melchior Kraus (1737—1806),
DIE WARTBURG VON NORDEN,
kolorierte Federzeichnung, 1799

weiträumigen Hof. Die Elemente der Vorburg sind vorhanden: Torhaus, Ritterhaus und Luthers Vogtei. An ein Stück Wehrgang
schließt sich die »alte Capelle, worinnen ietzo handmühlen« an. Sie
gibt Rätsel auf. War sie der Vorgänger des Gebäudes, in dem sich
heute Museumsräume befinden? Hat sich Hoffmann vielleicht hier
geirrt? Sein wenig gelungenes zeichnerisches Geschick erschwert die
exakte Lokalisierung. Luther müßte die Kapelle gekannt haben,
schloß sie sich doch direkt über den Wehrgang an die Vogtei an. Hätten zeitweilig gar zwei Gotteshäuser auf der Wartburg bestanden? Je-
denfalls sind die Bezeichnungen der folgenden Gebäude an der West-
seite wieder korrekt: der Garten, das Zeughaus und schließlich der
alte Pulverturm (Südturm).

Die östliche Burgseite gibt die beiden wichtigsten Bauwerke wieder: den völlig entstellten Palas und das landgräfliche Haus Friedrichs des Freidigen, einen leider abgerissenen frühen deutschen
Fachwerkbau.

Weder ein unterirdischer Gang noch ein tief in den Fels gehauener
Brunnen sind bekannt. Vielmehr befindet sich hier eine Zisterne, die
das Regenwasser sammelte und in späterer Zeit eingehaust wurde.

Georg Melchior Kraus,
DIE WARTBURG VON OSTEN,
kolorierte Federzeichnung, 1799

Im Jahre 1756 war die Wartburg in Bauakten als ein Denkmal des Altertums bezeichnet worden. Ihre Konservierung schien angebracht. Die finanziellen Möglichkeiten und das ursächliche Interesse des sächsisch-weimarischen Hauses waren weit davon entfernt. 1741 starb die Eisenacher Fürstenlinie aus und fiel an Weimar zurück. Die Wartburg wurde als gelegentliche Absteige, als Gefängnis und als Abstellkammer für allerlei nicht mehr benötigte Dinge benutzt. Der Charakter eines Wirtschaftshofes wird schon aus Hoffmanns Zeichnungen deutlich. Nach dem Brand der Eisenacher Kanzlei waren auch noch deren Akten in der Elisabethkemenate untergebracht worden.

Johann Wolfgang von Goethe beschrieb den Verfall treffend, als er den Palas als »nüchternen öden Kasten mit einem ungeheuren Dach und kleinen Fenstern, in dessen Innern eine unbeschreibliche Unbehaglichkeit herrscht«, schilderte.

Sein erster Wartburgaufenthalt am 9. September 1777 hatte ihn dennoch wegen der landschaftlichen Lage und des herrlichen Rundblickes fasziniert. Vier Tage später kam er wieder auf die Burg und nahm Quartier. Am Abend des 13. September schrieb Goethe an

Johann Wolfgang von Goethe (1749–1832),
HAUS FRIEDRICHS DES FREIDIGEN UND ÖSTLICHER WEHRGANG,
getuschte Kreidezeichnung, 1777,
Original im Goethe-Nationalmuseum Weimar

Charlotte von Stein: »Hier wohn ich nun, Liebste, und singe Psalmen dem Herrn, der mich aus Schmerzen und Enge wieder in Höhe und Herrlichkeit gebracht hat. Der Herzog hat mich veranlaßt heraufzuziehen . . . Hier oben! Wenn ich Ihnen nur diesen Blick, der mich nur kostet aufzustehn vom Stuhl, hinübersegnen könnte . . . Wenns möglich ist zu zeichnen, wähl ich mir ein beschränkt Eckchen, denn die Natur ist zu weit herrlich hier auf jeden Blick hinaus. Aber auch was für Eckchens hier!«

Am nächsten Tag setzte Goethe den Brief an Charlotte fort: »Diese Wohnung ist das Herrlichste, was ich erlebt habe, so hoch und froh, daß man hier nur Gast sein muß, man würde sonst für Höhe und Fröhlichkeit zu nicht werden.«

Und wenige Tage später schrieb er an Freund Kestner: »Ich wohne auf Luthers Patmos, und finde mich da so wohl als er. Übrigens bin ich der Glücklichste von allen, die ich kenne.«

Als Diplomat und Weimarer Minister sollte der Dichter noch viele Male auf die Wartburg kommen. Allerdings bot ihm nur die Land-

Johann Wolfgang von Goethe,
DIE WARTBURG VON SÜDEN,
getuschte Kreidezeichnung, 1777,
Original im Goethe-Nationalmuseum Weimar

schaft den schöpferischen Reiz, nicht aber die Architektur. Dennoch veranlaßte er Herzog Carl August von Sachsen-Weimar-Eisenach, Kunstgegenstände, Militaria und andere bewahrenswerte Dinge auf die Wartburg zu bringen und auszustellen. Damit war der Grundstein für ein Museum gelegt. 1815 informierte Goethe Minister Voigt über alte Schnitzwerke in Blankenhain und schlug ihm vor, diese Gegenstände »zur Auszierung der Kapelle« auf die Burg zu transportieren. Damit verbunden war die Feststellung: »Bei der gegenwärtigen Liebe und Leidenschaft zu den Resten der alten deutschen Kunst ist die Akquisition von Bedeutung und die Wartburg wird künftig noch manchen Pilger mehr zählen.« Im gleichen Jahr weilte der Dichter zum letzten Mal auf der Wartburg. Ebenfalls 1815 wurde Sachsen-Weimar-Eisenach Großherzogtum.

An der Landesuniversität in Jena hatten sich auch durch die Folgen der Französischen Revolution Liberalität und ein freizügiger Studienbetrieb entwickeln können. Ausdruck dessen war die Gründung der ersten deutschen Burschenschaft. Die Fürsten hatten ihre Ver-

die Burschenfahrt auf die Wartburg am 18ten October 1817

ZUG DER BURSCHEN
auf die Wartburg am 18. Oktober 1817,
zeitgenössischer Stahlstich

sprechungen hinsichtlich demokratischer Veränderungen nach den Befreiungskriegen nicht eingehalten. Das erwachte Nationalbewußtsein begann sich zu formieren. Die Burschenschaften ergriffen Opposition. An allen Universitäten gründeten sich Vereinigungen mit unterschiedlichsten Vorstellungen und Zielen. Zwei Jahre später sollte der Versuch unternommen werden, die Vereinigungen auf nationaler Ebene zusammenzuschließen. Dafür schien die traditionsreiche Wartburg ein ausgezeichneter Ort zu sein. Ohne den fürstlichen Hausherrn um Erlaubnis zu bitten, überreichten die Jenaer Einladungen an 13 Universitäten. Die Feier war auf den 18. Oktober festgelegt worden. Anlaß boten die 300. Wiederkehr der Reformation (Luthers Thesenanschlag) und der vierte Jahrestag der Völkerschlacht bei Leipzig, der Höhepunkt der Befreiungskriege auf deutschem Boden. Schon drei Jahre zuvor hatte eine Siegesfeier auf der Wartburg stattgefunden. Die Zustimmung der zuständigen Ministerien erfolgte gegenüber den Eisenacher Behörden mit der Mobilisierung des Landsturms und der Entsendung des 3. Preußischen Infanterieregimentes. Am Morgen des 18. Oktober 1817 versammelten

Bernhard von Arnswald (1807—1877),
ROBERT BLUM SPRICHT AUF DER WARTBURG,
Tuschezeichnung, 1848

sich die Festteilnehmer zur ersten nationalen Kundgebung des oppositionellen Bürgertums. Fast 500 Studenten, jeder zwanzigste Studierende an deutschen Universitäten, waren der Einladung gefolgt. Dem Zug voran wurde die schwarzrotgoldene Fahne in den Farben des Lützowschen Freikorps getragen. Im Palas fand die Sitzung statt. Der Jenaer Theologiestudent Heinrich Riemann hielt die Festansprache, die von der Empörung über die vereitelten Hoffnungen der Menschen nach der Beseitigung der napoleonischen Herrschaft getragen war. Abends traf man sich auf dem der Burg gegenüberliegenden Wartenberg zum Siegesfeuer. Hier sprach der Jenaer Philosophiestudent Ludwig Rödiger. Feudal-absolutistische Symbole — Schnürleib, Zopf und Korporalstock — wurden verbrannt. Der Vergleich zu Luthers Verbrennung der Bannbulle wurde gezogen. 1848 fand ein zweites Wartburgfest der Studenten statt. Im gleichen Jahr sprach Robert Blum vor Delegierten des Vorparlaments der Frankfurter Nationalversammlung auf dem Burghof.

DIE WIEDERHERSTELLUNG
DER BURG IM 19. JAHRHUNDERT

Dem wachsenden Interesse der Besucher Rechnung tragend, erschien 1792 der erste »Wartburgführer« von Carl Salomon Thon, ein Bändchen, das bis 1824 vier Auflagen erhielt. Hatte man die Burg bereits 1756 als ein Denkmal des Altertums bezeichnet, folgten jetzt auch erste Bemühungen um ihre Erhaltung und würdige Einrichtung. An die Stelle des abgerissenen Hauses Friedrichs des Freidigen trat 1797 ein schlichter Neubau aus dem reichlich vorhandenen Abrißmaterial. Der Festsaal im Palas erhielt Fenster im »alten Styl« und eine Porträtgalerie. Durch Umlagerung der Weimarer Zeughausbestände gelangten 1801 mittelalterliche Waffen und Rüstungen auf die Wartburg. Zwischen 1810 und 1813 entstand das neue Zeughaus, in dem Militaria aufbewahrt wurden.

Die politische Zäsur, die das Wartburgfest der deutschen Burschenschaften gesetzt hatte, brachte die Burg »lange Zeit in Mißcredit bei den hohen Monarchen«, schrieb der Burghauptmann Bernhard von Arnswald. Das änderte indessen nichts am wachsenden Zustrom der Besucher. Man kam diesem Interesse gern entgegen, zumal das Angebot von Geschichte und Tradition feudaler Restaurationspolitik durchaus nützlich sein konnte. Auf die »unwürdigen Tanzbelustigungen«, die bislang in der Vogtei neben der Lutherstube stattgefunden hatten, mußten die Gäste seit 1824 verzichten. Eine Kegelbahn erfreute sich allerdings auch weiterhin großer Beliebtheit.

1825 wurden die Waffen im Palas untergebracht. Gleichzeitig funktionierte man das neuerbaute Zeughaus zur Brauerei um. Das alte Brauhaus zwischen Pulverturm und Arsenal hatte Mitte der zwanziger Jahre ausgedient und mußte verschwinden. Es ist kurios, daß auf der Wartburg trotz fehlenden Wassers seit langem Bier gebraut worden war.

Das erwachende bürgerliche Nationalbewußtsein, verbunden mit den Idealen der Romantik und geprägt durch den kühnen Widerstand gegen die Armeen Napoleons in den Befreiungskriegen 1813/14, schloß ein neues Geschichtsverständnis ein. Auf der Suche nach eigenen Traditionen wandte man sich ab von der griechisch-römischen Antike und ihrer Rezeption durch die Klassik. Das christli-

Carl Sterry (1861–?)
CARL ALEXANDER,
Großherzog von Sachsen-Weimar-Eisenach, Gouache, 1900

che deutsche Mittelalter erlebte seine Renaissance. Schwärmerisch wurde es als eine harmonische Gesellschaft von Fürsten und Volk, als Epoche der Reichsherrlichkeit und der konfessionellen Einheit gepriesen.

Obwohl diese Mittelalterrezeption heutiger Kritik nicht standhält, schuf sie die Voraussetzungen für die beginnende Erbpflege. Die Wiederherstellung mittelalterlicher Bauwerke und ihre Nachahmung durch den Historismus kamen in Mode.

Beeinflußt von diesem Zeitgeist entschloß sich 1838 der junge Erbgroßherzog Carl Alexander von Sachsen-Weimar-Eisenach zur Restaurierung der Wartburg, der Burg seiner Ahnen. Angesichts zeitgenössischer Bauten, der Walhalla, die der Bayernkönig Ludwig I. 1842

Hof auf der Wartburg bei Eisenach.

Ferdinand Gropius (1796 bis nach 1830),
DER HAUPTHOF DER WARTBURG,
Farblithographie, 1823

als nationales Denkmal einweihen ließ, oder des Ausbaues des Kölner Domes, der endlich 1880 abgeschlossen wurde, ist der Wartburgbau auch als ein Ringen um den kulturellen Führungsanspruch einzelner Fürstenhäuser zu begreifen. Aus den Traditionen des klassischen Weimar unter Carl August leitete der Erbgroßherzog die weitreichende Verpflichtung her, nach der nicht nur das Geistesleben in seiner Residenzstadt erneuert werden sollte. Im Wiederherstellungswerk der Wartburg sah er eine willkommene Möglichkeit fürstlicher Repräsentation, zumal sie als »Lutherburg« längst zu einem volkstümlichen Wallfahrtsort geworden war und als Schauplatz deutscher Geschichte verehrt wurde.

Einen letzten Anstoß zum Vorhaben soll Carl Alexander von seiner Mutter, der russischen Zarentochter und Gemahlin Carl Friedrichs, Maria Pawlowna, erhalten haben. Ihr Privatvermögen war in der Folgezeit eine wesentliche finanzielle Stütze der Baumaßnahmen. In manchen Jahren beliefen sich die aufgewandten Gelder mitunter bis auf 20 000 Taler. Die Anfänge waren jedoch bescheiden.

Ferdinand Gropius,
DER VORDERE BURGHOF NACH NORDEN,
Farblithographie, 1823

Der erste, der sich in fürstlichem Auftrag mit Wiederherstellungsplä-
nen der Wartburg befaßte, war Carl Alexander Simon, ein Kunstma-
ler aus Weimar. Neben dem Auftrag, ein Sängerkriegsbild zu malen,
erhielt er die Erlaubnis, Untersuchungen auf dem Burggelände vor-
zunehmen, wobei ihn der Castellan Rüdiger unterstützen sollte. Der
romantisch veranlagte Simon ging mit Begeisterung zu Werke. Über
seine Pläne geben zwei Aquarellskizzen Auskunft (S. 74): Am südlichen Ende der Burganlage sollte eine Kapelle mit dem »Grabmal des
Gründers« errichtet werden, flankiert von halboffenen Kreuzgän-
gen, worin die »Fürsten, die Dichter und Weisen ruhen«. Der Pan-
theonsgedanke stand Pate, so wie er bei der Walhalla Ausdruck fand.
Eines solchen aufgepflanzten Bedeutungsgehaltes bedurfte es indes
auf der Wartburg nicht; die Pläne Simons fanden keine Zustimmung
bei Carl Alexander.

Mit weiteren baugeschichtlichen Untersuchungen und ersten Erhaltungsarbeiten wurde 1838 der Eisenacher Baurat Friedrich Wilhelm Sältzer betraut. Er wandte sich zunächst der dringlichsten Auf-

Carl Alexander Simon (1805 bis nach 1859),
ENTWURF FÜR DIE RESTAURIERUNG DER WARTBURG,
Aquarellskizze, um 1838, Original im Staatsarchiv Weimar

gabe zu: der Sicherung des gefährdeten Palas. Mit der Öffnung der
bislang vermauerten Arkadengänge an der Hofseite offenbarte das
Bauwerk nach Jahrhunderten Schattendasein wieder ein Stück seiner
ursprünglichen Pracht. Der Palas sei ohnehin das einzig Erhaltens-
werte, meinte Sältzer, und am ehesten »zur Aufnahme einer Zentral-
galerie vaterländischer Altertümer« geeignet. Im Hinblick auf ehemalige Zweckbauten wie die »Schutz-, Bade- und Waschhäuser«
schrieb er: »Der Anblick solcher Bedürfnisse, welche Helden mit
niedrigsten Kreaturen gemein haben... raubt ihnen Bewunderung
und Nachahmung.« Eine Erhaltung dieser Gebäude schien ihm nicht
zweckmäßig. So ging es Sältzer um eine möglichst große, mystifi-
zierte Distanz zwischen Objekt und Betrachter. Als einzigen Neubau
zog er einen »Lutherturm« in Erwägung. In seinen Aufzeichnungen
gestand der greise Baurat hinsichtlich des Palas später, daß er den
»Typus des herrlichen Bauwerkes nicht begriffen« habe.

Die Suche nach einem geeigneten Architekten wurde vor allem
durch den neuen Burgkommandanten Bernhard von Arnswald unterstützt. Mit seiner Einstellung 1841 hatte der Großherzog eine

Ferdinand von Quast (1807–1877),
ENTWURF FÜR DIE WIEDERHERSTELLUNG DER WARTBURG,
Aquarell, 1846

glückliche Entscheidung getroffen. Arnswalds Mitwirkung am Bauvorhaben überstieg bei weitem das Maß der Dienstpflichten, die Wartburg wurde ihm zur Lebensaufgabe. Neben vielen Anregungen und Ideen konnte sein zeichnerisches Talent einen lebendigen Einblick in die Wiederherstellungsarbeiten bewahren. Arnswald war es auch, der die Berufung des Münchener Professors Georg Friedrich Ziebland anregte. Der Erbauer des Schlosses Hohenschwangau und der Bonifatiusbasilika erschien 1842 für fünf Wochen auf der Burg. Die in ihn gesetzten Hoffnungen erfüllte er indes nicht. Inzwischen befaßte sich der Kommandant mit der Räumung des jahrhundertealten meterhohen Schutts im Hof. Er fand eine in den Fels gehauene Treppe, eine alte Spitzbogentür und die acht Meter tiefe Zisterne. Allerdings konnte er den Fachmann nicht ersetzen.

Auf Empfehlung Friedrich Wilhelms IV. von Preußen stellte sich 1845 ein neuer Baumeister ein, der preußische Hofkonservator Ferdinand von Quast. Seine Arbeiten legte er im April 1846 vor. Statt eines Bergfrieds sollte ein turmartig gestaltetes hohes Haus errichtet werden, das den Palas erdrückt hätte (s. o.). Umfassungsmauern soll-

Philipp Uhl,
PORTRÄT HUGO VON RITGENS,
Lithographie, um 1870

ten abgetragen werden, um mehr Aussicht zu gewinnen, Beete in byzantinischen Formen und Labyrinthe entstehen. Carl Alexanders Wunsch nach einer fachkundigen Prüfung der Quastschen Pläne kam der 1846 in Gotha stattfindende deutsche Architektentag entgegen. Seine 60 Teilnehmer besuchten auch die Wartburg und begutachteten die ausliegenden Pläne. Einer der teilnehmenden Architekten, Hugo von Ritgen aus Gießen (s. o.), zollte dem Vorhaben größtes Interesse. Arnswalds und Sältzers Hoffnung, er werde sich der Problematik annehmen, sollte sich erfüllen.

Bereits ein Jahr später sandte Ritgen Carl Alexander eine 140 Seiten umfassende Niederschrift seiner »Gedanken über die Restauration der Wartburg«.

»Die Wartburg, welche Fülle von Erinnerung knüpft sich für jeden Deutschen an diesen Namen! Wo steht die Burg, die ihr gleichkäme an geschichtlicher Bedeutung, an poetischer Weihe? Noch stehen die gewaltigen Mauern, noch ragen ernst und ehrwürdig das hohe Haus und das Ritterhaus (Palas) weit empor über Thüringens Gaue und mahnen als treue Zeugen uns an deutsche Heldengröße, deutsche Kraft . . . und deutsche Poesie . . . Mit Bewunderung schaut

Deutschland auf solch wahrhaft königliches Beginnen, aber wie mit frohem Hoffen, so auch mit ernstem, sorglichem Blicke. Deutschland hat ein geistiges Eigentum an der Wartburg errungen...«

Ritgen gedachte die Wiederherstellung der Burg anders zu gestalten,»als alle jetzt Mode gewordenen sogenannten Restaurationen von Ritterburgen, selbst die großartigeren nicht ausgeschlossen, welche uns höchstens in angenehmer Täuschung einen Augenblick von der Vorzeit träumen lassen«.

Und gleich umriß er den ganzen Umfang des gewaltigen Vorhabens:»Die Architektur gibt nur den Ort, die Zeit, die Szenerie. Sie muß deshalb vor allem wahr sein. Da es nicht möglich ist, die Lebensweise und Bedürfnisse der künftigen Bewohner der Vorzeit anzupassen oder ein fortwährendes Drama im Charakter früherer Zeiten aufzuführen, so muß durch historische Malerei ersetzt werden, was hier an Handlung fehlt. Ein nicht minder belebendes Mittel muß die poetische und bedeutsame Dekoration der geschichtlich merkwürdigen Räume durch wirklich alte Möbel und Geräte, besonders aber die reiche Sammlung von Rüstungen und Waffen im alten Waffensaale werden. Daher ist die Anlegung eines vaterländischen Museums im Landgrafenhause der glücklichste Gedanke Seiner Königlichen Hoheit des Erbgroßherzogs. Wirkliches Leben und höhere Bedeutung aber erhält die ganze Restauration erst durch die Absicht Seiner Königlichen Hoheit, von Zeit zu Zeit die Wartburg zu bewohnen, indem nur dadurch der Zauber der Vergangenheit mit dem Reize der Gegenwart vereint werden wird.« Die Abhandlung erschien dem Bauherrn verheißungsvoll. Ritgen selbst brachte beste Voraussetzungen für ein Gelingen der Arbeiten mit. Als Sohn eines Mediziners 1811 in Stadtberge/Westfalen geboren, absolvierte er unter Hofbaudirektor Moller ein Architekturstudium, in dem er bereits an mittelalterliche Baukunst herangeführt wurde. Während ausgedehnter Studienreisen lernte er weite Teile Europas kennen. 1835 trat Ritgen in den Lehrbetrieb der Hochschule Gießen ein und wurde 1843 zum ordentlichen Professor ernannt. Parallel zur Lehre widmete er sich der Praxis. Die rege Teilnahme an der Erhaltung und Wiederherstellung alter Kirchen, Burgen und Schlösser war ihm bestes Rüstzeug bei der Erarbeitung der Pläne für die Wartburg. »Erhalte, was irgend zu erhalten ist; das Schadhafte ergänze streng nach dem Vorhandenen. Das Fehlende muß im Geiste des Altertums gedacht, der Idee unserer Zeit angepaßt werden.« Das sollte der Grundsatz sein, der Ritgens Wiederherstellungswerk bis zu seiner Vollendung 1889/90 begleitete. Seine Leistungen als Architekt und Gestalter lassen sich anhand einer Vielzahl von Bauzeichnungen (S. 79) und Entwürfen zu

Dekorationsmalereien, Plastik, Möbeln (S. 82), Textilien und anderen kunsthandwerklich gestalteten Gebrauchsgegenständen dokumentieren. Die bauliche Wiederherstellung des Palas, die bislang von Sältzer betrieben worden war, brachte er Anfang der fünfziger Jahre zum Abschluß. In meisterhafter Weise gelang ihm die Dachkonstruktion, wobei die durchbrochene Arkadenfront weitgehend entlastet werden konnte. Der Festsaal erhielt seine heutige trapezförmige Kassettendecke, die sich positiv auf Raumproportionen und Akustik auswirkte. Nach dieser ersten erfolgreichen Bewährungsprobe begann Ritgen mit der Ergänzung der nur noch lückenhaften Burganlage durch historisierend angepaßte Neubauten. Dabei stützte er sich auf alle verfügbaren Quellen: alte Darstellungen und Grundrisse der Burg aus dem 17. Jahrhundert, Beschreibungen und Chroniken. Er untersuchte die alten Baureste, Kellergewölbe und Fundamente. Als Neubau entstand von 1853 bis 1859 der Bergfried an ungefähr gleicher Stelle wie sein Vorgänger. Die Neue Kemenate (1853-1860), Torhalle und Dirnitz (1865-1867) wurden neoromanisch und -gotisch errichtet. Auch sie stehen auf alten Fundamenten. Ein Lieblingsgedanke Ritgens, die Rekonstruktion des 1544 abgetragenen Torturms, wurde vom Großherzog verworfen. Zwischen 1860 und 1863 errichtete man nach den Plänen des Architekten den Gasthof unterhalb der Burg. 1874 bis 1879 erfuhr das Brauhaus, jetzt Gadem genannt, eine bauliche Aufarbeitung. Als letztes Bauwerk entstand 1889/90 das Ritterbad (S. 88/89). Parallel dazu wurden Reparaturen an den Gebäuden des vorderen Hofes vorgenommen.

Mit der Wiederherstellung, so formulierte Carl Alexander anläßlich der Grundsteinlegung des Bergfriedes 1853, sollte »die historisch- und politisch-faktische Bedeutung der Wartburg, ihre Bedeutung für die Entfaltung des Geistes und namentlich der Poesie, ihre Bedeutung für die Reformation und ihre katholisch-religiöse Bedeutung« ausgedrückt werden.

An die erste Stelle traten hierbei nach Ritgens Konzept Malerei und Plastik als Gestaltungsmittel. Sie dienten der Illustration der historischen Themenkreise. Durch ein reiches künstlerisches Programm sollte der Festsaal (S. 84/85) die Macht des Christentums verherrlichen. »Die Decke wird von 16 Hauptträgern, sogenannten Bindern gestützt, und soll mit ihrer Bemalung ein Bild des Sternenhimmels mit seinen astralen Beziehungen zu den christlichen hohen Festen geben, während die ganze Entwicklung des Christentums bis zu den Kreuzzügen mittels in Holz geschnitzten figürlichen Schmuck veranschaulicht wird.« Anhand der Entwürfe Ritgens schufen die Bildhauer Knoll und Seltmann Decken-Tafelwerk und Skulpturen;

Hugo von Ritgen (1811–1889),
WIEDERHERSTELLUNGSENTWÜRFE DER WARTBURG,
Schnitt durch die Hauptburg (oben) und Ansicht der Burg von Osten (unten),
Federzeichnungen, 1847

Hugo von Ritgen,
ABWICKLUNG FÜR DIE OSTWAND DES LANDGRAFENZIMMERS,
Farbentwurf, nach 1850

Michael Welter und seine Gehilfen führten die Malereien aus. Um 1860 war der Festsaal vollendet und fand als Paradestück historistischer Kunstauffassung seine Nachahmung in der Gestaltung des Schlosses Neuschwanstein Ludwigs II. von Bayern. Die 14 Fresken in der Galerie, im Sängersaal und im Landgrafenzimmer schuf der bedeutende Spätromantiker Moritz von Schwind, unterstützt von den Malergehilfen Moßdorf und Spieß, in den Jahren 1854/55. In ihnen wurden der Lebensweg der heiligen Elisabeth (S. 37), der sagenhafte

Sängerkrieg (S. 32/33, 34) und die Ruhmestaten der mittelalterlichen Thüringer Herrscher in Szene gesetzt. Die Dekorationsmalereien, ausgeführt von Gebhard, Hofmann und Rosenthal, imitierten Teppiche und Ledertapeten, einen Raumschmuck nach den Vorstellungen Schwinds, auf den man aus Kostengründen verzichten mußte. Schwierig erwies sich die stilgemäße Einrichtung der Palasinnenräume, die laut Vorgabe des Bauherrn musealen und wohnlichen Charakter zugleich tragen und vorwiegend der privaten Nutzung durch die Fürstenfamilie dienen sollten.

Was Ritgen bei der Wiederherstellung des romanischen Palas und bei den Neubauten bewundernswert gelungen war — die strenge Orientierung am Vorhandenen — war hier nicht möglich. Hinweise

auf die ursprüngliche Ausstattung, ja selbst auf die ehemaligen Funktionen der einzelnen Räume, waren äußerst gering, alte Einrichtungsgegenstände nicht erhalten geblieben. Dieser Mangel eröffnete romantischer Vorstellung und historistischer Phantasie ein ähnlich weites Betätigungsfeld wie bei der Gestaltung des Festsaales. Nach Ritgens Entwürfen entstanden die sogenannten Wartburgmöbel, Schränke, Tische, Stühle und Bänke, in romanisierenden Formen und mit kunsthandwerklichen Zutaten, die bis ins kleinste Detail einer Türklinke oder eines Leuchters gingen.

Seit den vierziger Jahren war darüber hinaus auch eine rege Sammeltätigkeit betrieben worden. Dabei gelangten Kunstwerke von hohem Wert in den Wartburgbesitz, seltene mittelalterliche Teppiche, Handschriften oder der Dürerschrank (S. 121).

SCHENKTISCH
nach einem Entwurf Hugo von Ritgens, Eiche, um 1870

Mit fortschreitender Restaurierung wurden schließlich auch Türen, Wandvertäfelungen und komplette Bauteile wie das Schweizer Zimmer (S. 122), der Nürnberger Erker oder das Studierstübchen Willibald Pirckheimers angekauft und in die Bausubstanz integriert.

Weit unkomplizierter als die Einrichtung des Palas schien dagegen die zeitgemäße Ausstattung von Vogtei und Ritterhaus, war doch dem Besucher vor allem an der Vergegenwärtigung des Wartburgaufenthaltes Martin Luthers gelegen. Diese Gedenkstätte sollte wesentliche Aufwertung durch drei Reformationszimmer im Stil von Gotik und Reniassance erfahren. Ehemals waren sie Tanzsaal, später ein Teil der Kommandantenwohnung. Die Lutherstube selbst erhielt durch den eingebauten Kachelofen und eine üppige Einrichtung einen unrealen Aufputz. Das damals gezeigte Bett und der Kasten-

DER FESTSAAL IM PALAS

tisch, der noch heute zu sehen ist, stammen aus dem späten 16. Jahrhundert. Der Tisch hat zumindest durch die Angabe seiner Herkunft — Familie Luther aus Möhra — eine wahrhafte Beziehung zum Reformator. Ähnlich wie im Reliquienkult enthielt die Lutherandenken-Sammlung neben bedeutenden Stücken auch Belächelnswertes, so einen Ast »von der Buche, an welcher Dr. M. Luther ohnweit Altenstein gefangen genommen wurde«.

Seit 1883 konnte die Wartburg eine überaus wertvolle Sammlung von Schriften des Reformators ihr eigen nennen. Auf die Einrichtung der nun erforderlichen Bibliothek verwandte man besondere Anstrengungen. Durch Einbau des Pirckheimerstübchens und des Nürnberger Erkers sollte ein romantisch verklärter Ort der Weisheit geschaffen werden. Zuvor hatte man in Erwägung gezogen, die Bücher im Obergeschoß des Bergfriedes unterzubringen, als Zeichen dafür, daß der »Geist hoch über allem schwebe«. Indes war die Büchersammlung durch Schenkungen so umfangreich geworden, daß ein größerer Teil 1885 in das Gymnasium der Stadt Eisenach gebracht werden mußte.

Zu den musealen Schätzen der Wartburg gehörte seit Anfang des 19. Jahrhunderts die Rüstsammlung. Als 1801 das Weimarer Zeughaus aufgelöst wurde, befahl Carl August, die Harnische auf die Wartburg zu bringen. Sie kamen zunächst an verschiedenen Orten zur Aufstellung, ehe mit Vollendung der Dirnitz 1867 ein großer Raum für die Sammlung geschaffen worden war. Nach 1871 und bis ins 20. Jahrhundert hinein erhielt der Rüstsaal in zunehmendem Maße Zuwachs und vaterländische Aktualisierung. Deutsches Kriegsgerät mochte am Ende des Zweiten Weltkrieges als ein Sinnbild des Militarismus gelten; die Rüstsammlung der Wartburg wurde 1945/46 entfernt und ist seither verschollen.

Die Vollendung des letzten Neubaues auf der Wartburg, des Ritterbades (S. 88, 89) sollte Hugo von Ritgen nicht mehr erleben. Aus den Bauakten des 16. Jahrhunderts war hervorgegangen, daß ein Bad existiert haben mußte, für das immer wieder Rechnungen auftauchten. Maßgebliche Kriterien für die Wahl des Standortes durch Ritgen waren der notwendige direkte Zugang zum Palas und die sonnige Südlage. Der Bau einer Wasserleitung und eines Druckausgleichbehälters im Bergfried 1887 bildeten die technischen Voraussetzungen dafür. Mit einer Anlage für die Beheizung von Luft und Wasser wurde es im August 1890 fertiggestellt. Bis ins kleinste Detail sollte die restaurierte Wartburg Harmonie ausstrahlen. Geschaffen wurde ein Gesamtkunstwerk. Als Hugo von Ritgen am 31. Juli 1889 starb, war sein Lebenswerk fast vollendet, die Restaurierung des Palas und seine Einrichtung, die Neubauten mit ihrer Doppelfunktion — fürstliche Wohnung und Museum zugleich.

In Anbetracht des seinerzeit begrenzten Wissens um mittelalterliche Kultur und Lebensweise, des gerade erst erwachten Interesses an den steinernen Zeugen der Vergangenheit, deren Instandsetzung gewöhnlich von romantischem Schwärmertum überwuchert war, ist Ritgens Leistung der besonderen Würdigung wert. Seine Wiederherstellung der Wartburg stellt Pionierarbeit der noch jungen Denkmalpflege dar.

DAS RITTERBAD

Hugo von Ritgen,
ENTWURF FÜR DAS RITTERBAD AUF DER WARTBURG,
Aquarell, um 1855

IM SPIEGEL DER EREIGNISSE
DES 20. JAHRHUNDERTS

Infolge der Revolution von 1918 und der Ausrufung der Republik mußten die deutschen Fürstenhäuser abdanken. Mit den Rechtsnachfolgern wurden Auseinandersetzungsverträge abgeschlossen, die über die Verwendung der bisherigen fürstlichen Besitzungen und Vermögen bestimmten. Dabei waren Entschädigungssummen und Renten vereinbart und über Grundstücke und Gebäude entschieden worden. So blieben dem ehemaligen Großherzog Wilhelm Ernst Wohnräume auf der Wartburg erhalten. Über das Inventar war vertraglich festgelegt worden, daß nichts von der Burg entfernt werden dürfe. Die großherzogliche Familie verließ Weimar und zog auf ihr Schloß Heinrichau. Zurück blieb die Schatullverwaltung.

Die Geschicke der Wartburg sollten in Zukunft durch eine Stiftung gelenkt werden, deren Ausschuß paritätisch aus je vier Mitgliedern, die durch das ehemalige großherzogliche Haus beziehungsweise durch dessen Rechtsnachfolger, die Gebietsregierung Weimar, später Freistaat und Land Thüringen, zu bestellen waren. Am 20. April 1922 konstituierte sich der erste Ausschuß. Zum Vorsitzenden wurde der Eisenacher Oberbürgermeister Fritz Janson gewählt. Mit Gründung der Wartburg-Stiftung ging der konfiskalische Wartburgbesitz in deren Hand über. Dazu gehörten auch 30 Hektar Wald, 28 Kilometer Wasserleitung, Wiesen und Grundstücke.

Bereits in den zwanziger Jahren wurden mehrere hunderttausend Besucher gezählt. Eintrittskarten waren im Gasthof zu erwerben, Führungen gab es halbstündlich bei Bedarf. Die Genehmigung zur Besichtigung der großherzoglichen Wohnräume behielt sich die Fürstenfamilie allerdings vor.

Zur Rettung der schon seit 1870 gefährdeten Fresken Moritz von Schwinds wurde Ende 1922 der Verein »Freunde der Wartburg« gegründet. Er hatte bis zu 7000 Mitglieder aus aller Welt. Von den Fresken wurden Kopien in Originalgröße durch den Weimarer Maler Otto Fröhlich geschaffen. Die Ölgemälde blieben im Depot. Entsprechende Technologien zur Konservierung der Originale waren nicht ausgereift, Gutachten widersprachen einander. Seit 1894 war Hans Lucas von Cranach, ein Nachfahre des gleichnamigen Luther-

freundes und Malers, Schloßhauptmann. 1929 verstarb er auf der Wartburg. Aus seinem Nachlaß konnte die Wartburg-Stiftung eine Reihe wertvoller Gemälde des Vorfahren übernehmen.

Bau- und Restaurierungsmaßnahmen beschränkten sich auf notwendigste Erhaltungsarbeiten. An der Palas-Ostfassade mußten 1925 1000 Steine ersetzt werden. Der zunehmende Tourismus, der vor allem aus dem Siegeszug des Autos resultierte, erforderte Parkmöglichkeiten. 1929/30 wurde die Wartburgschleife, eine Parkstraße, mit Hilfe von Erwerbslosen als Arbeitsbeschaffungsmaßnahme errichtet.

1925 war Hermann Nebe als wissenschaftlicher Führer und Burgwart eingestellt worden. Er steht am Anfang der wissenschaftlichen Forschungsarbeit auf der Burg selbst.

Nach Hans Lucas von Cranachs Tod bewarben sich mehr als 30 Männer, vorwiegend Militärs im Ruhestand, um den Posten des Burghauptmanns. Hans von der Gabelentz-Linsingen, ein Kunsthistoriker, wurde vom Ausschuß der Wartburg-Stiftung bestätigt. Er erarbeitete die Grundlagen für eine Sammlungs- und Ausstellungskonzeption.

WOHNRAUM DER GROSSHERZOGLICHEN FAMILIE
in der Neuen Kemenate, Fotografie, um 1900

Mit der Machtübernahme der Nationalsozialisten änderte sich die Situation auf der Wartburg grundlegend. Reichsstatthalter und Gauleiter Fritz Sauckel setzte sich 1934 an die Spitze des Wartburgausschusses. Alle wichtigen Entscheidungen behielt er sich vor, Ankäufe und Restaurierungsarbeiten bedurften seiner ausdrücklichen Genehmigung. Die Zahl propagandistischer Veranstaltungen nahm schnell zu. 1935 wurde der faschistische Arbeitsdienst auf der Wartburg gegründet, der im Zuständigkeitsbereich Sauckels lag. Alle wichtigen politischen Feiertage des Dritten Reiches wurden hier unter großer Beteiligung der Bevölkerung und zahlreicher Nazigrößen euphorisch begangen.

Die Angliederung Österreichs an Großdeutschland 1938 war für alle öffentlichen Körperschaften mit umfangreichen Spendenforderungen durch das Reich verbunden. Sauckel verlangte vom Wartburgausschuß eine Spende von 25 000 Reichsmark. Die großherzoglichen Vertreter verweigerten die Zustimmung; Sauckel löste den Ausschuß der Wartburg-Stiftung auf. Nur einmal noch, 1941, kam jener in neuer Zusammensetzung für eine Beratung auf die Wartburg.

Am 10. April 1938 ließ der übereifrige NSDAP-Kreisleiter das Kreuz, das dem Gedenken an Luthers reformatorische Leistung ge-

ÜBERFÜHRUNG ALTER REGIMENTSFAHNEN AUF DIE WARTBURG,
1928

widmet war, vom Bergfried entfernen. Statt dessen wurde ein über-
mächtiges Hakenkreuz auf dem Turm installiert. Internationale Pro-
teste bewogen den angeblich ahnungslosen Sauckel schon nach vier
Tagen, der Eisenacher Kreisleitung den Befehl zur Entfernung des
Hakenkreuzes zu erteilen. Allerdings zogen sich die Arbeiten bei der
Wiederanbringung des alten Kreuzes in die Länge, erst am 13. Mai
war es wieder am Bergfried zu sehen. Am 28. November 1944 veranlaßte der Gauleiter, das goldene Kreuz abzunehmen, um es »sicher-
zustellen«. Es wurde mit Schweißbrennern zerschnitten und auf den
Hof geworfen. Damit einher ging eine Propagandalüge: Ein engli-
scher Flieger habe das Kreuz gerammt, es vom Bergfried gerissen
und sei dabei selbst abgestürzt.

Anfang April 1945 wurde die Wartburg vom Clausberg her be-
schossen. Die Frau des Burgvogtes hißte eine weiße Fahne auf dem
Südturm.

Nach dem Sieg der Alliierten über den Hitlerfaschismus am 8. Mai
1945 wurde mit Aufräumungsarbeiten und der Neuordnung der
Kunstgegenstände, des Archivs und der Bibliothek begonnen. Ende
September legte der sowjetische Stadtkommandant fest, daß die
Wartburg für den Besucherverkehr zu öffnen sei. Er verfügte die Ein-

setzung des Eisenacher Oberbürgermeisters als Vorsitzenden des Verwaltungsausschusses. Burgwart Hermann Nebe wurde zum Leiter des Museums berufen. Im Januar 1946 waren auf Befehl der sowjetischen Militäradministration in Thüringen die Rechte des ehemaligen großherzoglichen Hauses durch die Stadt Eisenach übernommen worden. Am 31. August 1946 strahlte das Kreuz wieder vom Bergfried. Der Eisenacher Kunstschmied Günther Laufer hatte es gebaut und gespendet.

Die Wartburg unterstand jetzt der Regierung der DDR. 1958 wurden Satzung und Stiftungsstatus neu formuliert. Die Finanzierung erfolgt aus eigenem Aufkommen mit Stützung durch das Ministerium für Kultur. Fremde Anteile existieren nicht. Durch die materielle Sicherstellung konnten in den letzten Jahrzehnten umfangreiche Bau- und Restaurierungsvorhaben verwirklicht werden. In einem ersten Abschnitt von 1952 bis 1960 erfolgte die statische Sicherung des Palas durch das Einziehen von Stahlbetondecken. Die Stützmauern in der Erdgeschoßarkade konnten entfernt werden.

Bislang mußten bei Veranstaltungen im Festsaal alle Decken im Landgrafenhaus durch Längsbalken gestützt werden, um die Last der bis zu 500 Besucher aufzunehmen. Konzerte während der Maientage des Vereins »Freunde der Wartburg« oder die Propagandaveranstaltungen in den dreißiger Jahren waren so abgesichert worden. Der alte Treppenaufgang entsprach in keiner Weise sicherheitstechnischen Anforderungen. Die zinnenbekrönte Scheinarchitektur zwischen Palas und Bergfried wurde entfernt, das sogenannte Neue Treppenhaus 1952 errichtet (S. 95). Die großherzoglichen Wohnräume in der Neuen Kemenate (S. 92) und der Rüstsaal in der Dirnitz wurden zum Wartburgmuseum umfunktioniert. Schon im Oktober 1946 war die erste thematische Ausstellung »Goethe und die Wartburg« in der Dirnitz eröffnet worden.

In den sechziger Jahren dominierten Erhaltungsarbeiten im vorderen Burghof (S. 96). Das Fachwerk an Ritterhaus, Vogtei und den Wehrgängen mußte grundlegend erneuert und konservatorisch behandelt, die Dächer mußten umgedeckt werden. Restauratorische Maßnahmen erforderte auch der bedrohliche Zustand der Fresken Moritz von Schwinds, die gereinigt und gefestigt wurden, heute aber bereits wieder einer gründlichen Konservierung unter Berücksichtigung neuester denkmalpflegerischer Erkenntnisse bedürfen.

Einen gesellschaftlichen Höhepunkt bildeten die nationalen Jubiläen 1967: die Neunhundertjahrfeier der Wartburg, der 450. Jahrestag des Beginns der Reformation und die 150. Wiederkehr des Jahrestages des Wartburgfestes der deutschen Burschenschaften.

DAS NEUE TREPPENHAUS

RESTAURIERUNG DES VORDEREN BURGHOFES
in den sechziger Jahren

Im Mittelpunkt der Restaurierungskonzeption der siebziger und achtziger Jahre standen die Erforschung und Rekonstruktion des mittelalterlichen Raumbildes in Rittersaal, Speisesaal und Kapelle. Untersuchungen des Mauerwerkes und vergleichende denkmalpflegerische Forschung ermöglichten, die Kaminanlage im Rittersaal nachzuempfinden (S. 25), Wandverputz, Fugenritzung und Farbgebung der Tür- und Fenstergewände zu überarbeiten. Der bislang tragende Mittelbalken der Decke des Speisesaales wurde dendrochronologisch untersucht. Durch diese wissenschaftliche Methode konnte das Fälldatum der Eiche bestimmt werden, das Jahr 1168.

Die Dekorationsmalereien im ersten und zweiten Obergeschoß des Landgrafenhauses wurden umfassend restauriert. Anläßlich der zum 500. Geburtstag Martin Luthers im Jahre 1983 erfolgten Ehrung des Reformators konnte auch ein völlig neugestaltetes Museum eröffnet werden.

Seit 1989 sind die Räume im Südturm wieder geöffnet. Im Turmraum kann der Besucher in den Sommermonaten durch das sogenannte Angstloch (S. 59) in das Verlies sehen, in dem der Täufer Fritz Erbe bis zu seinem Tod aushalten mußte.

Anläßlich des 100. Todestages des Wartburgarchitekten Hugo von Ritgen war am 31. Juli 1989 das letzte historisierende Gebäude der Burg — das Ritterbad (S. 88/89) — genau 100 Jahre nach Baubeginn wieder den Besuchern zugänglich gemacht worden. Die nicht zur Ausführung gelangte Ausstattung wird in den kommenden Jahren ergänzt. Seit der Wiedereröffnung der Wartburg 1946 konnten viele Millionen Besucher durch die Räume des Palas geführt werden und die Kunstwerke und Zeitzeugen im Museum besichtigen. Ihre Zahl nimmt stetig zu.

Die Architektur und die Kunstsammlungen des Nationaldenkmals Wartburg zu pflegen und zu erhalten, gleichzeitig aber den guten Ruf als touristisches Tagesziel zu befriedigen, erfordert eine umsichtige Synthese.

Die Erhaltung der Bausubstanz und die Pflege der Kunstgegenstände ist die vorrangige Aufgabe der Wartburg-Stiftung. Gleichzeitig aber sind die Burg und ihre Sammlungen für die interessierten Besucher aus aller Welt zu öffnen. Dabei wird es in Zukunft nicht ohne Kompromisse gehen.

KUNSTWERKE AUS DEN WARTBURGSAMMLUNGEN

Über die Entstehung der Kunstsammlungen der Wartburg war schon an anderer Stelle berichtet worden. Johann Wolfgang von Goethe war der erste, der Gegenstände auf die Burg bringen ließ und die Einrichtung eines Museums angeregt hatte. Spätestens die Wiederherstellungsarbeiten des 19. Jahrhunderts zwangen geradezu zum Aufbau der Sammlung, mußten die restaurierten Palasräume und die neu entstandenen Gebäude doch auch eingerichtet werden. Das Kunstinteresse Maria Pawlownas beförderte das Anliegen und setzte sich in Carl Alexanders Bestrebungen fort. Auch Ludwig Bechstein, Bernhard von Arnswald und Hugo von Ritgen sammelten, kauften und ersteigerten Kunstwerke von hohem Rang. Dafür schien die großherzogliche Schatulle ausreichende Reserven zu besitzen.

Das uneigennützige Interesse am Sammeln übertrug sich nach Arnswalds Tod auf seine Nachfolger, die Burghauptleute Hans Lucas von Cranach und Hans von der Gabelentz. Heute zählt das Kunstinventar der Wartburg-Stiftung mehrere tausend Objekte. Nur ein kleiner Teil davon kann in der Ausstellung Platz finden.

Die ältesten Kunstgegenstände sind bauplastische Arbeiten. Sie stammen aus dem ehemaligen Eisenacher Lussenhof oder von der Wartburg selbst und gehören zu den Werken der hier um 1200 wirkenden Bauhütte. Hinzuzurechnen sind zwei großformatige Sandsteinreliefs. Das eine in Rechteckform stellt den Kampf Simsons mit dem Löwen dar, ein häufiges Motiv der christlichen Mythologie. Der biblische Held mit geheimnisvollen Kräften als Löwenbezwinger steht als Sinnbild für Christus, der den Teufel überwindet. Das Relief befindet sich heute im Neuen Treppenhaus (S. 95) und weist starke Verwitterungsspuren auf. Mit Sicherheit war es über Jahrhunderte an einer Außenwand angebracht. Das zweite Relief ist halbrund, ein Tympanon, das über das Verschlingen eines Ritters mit Topfhelm und Kettenhemd durch ein Fabeltier, einen Drachen, berichtet (S. 19). Der Adler auf dem Schild, der am Hals des Ritters befestigt ist, läßt sich heraldisch nicht deuten.

Zu den frühesten Kostbarkeiten des Museums zählt auch ein Reliquienkasten aus dem ersten Viertel des 13. Jahrhunderts, eine Kup-

VESPERBILD (PIETÀ),
fränkisch, Lindenholz, Ende 15. Jahrhundert

Barthel Bruyn (1493—1555),
ELISABETH ZWISCHEN ZWEI APOSTELN,
um 1530

ferschmelzarbeit aus Limoges (S. 117). Die Form erinnert an ein Haus, das auf vier Füßen steht und von einem durchbrochenen Dachfirst bekrönt wird. Die Vorderseite stellt die Enthauptung des Erzbischofs von Canterbury, Thomas Becket, im Jahre 1170 dar. Der wegen verschiedener Wunder Heiliggesprochene erscheint auf vielen Reliquiaren. So ist sein Märtyrertod auch in den Wandgemälden des Braunschweiger Domes und in den Mosaiken von Monreale wiedergegeben. Nachdem ihn der Mörder enthauptet hat, übergibt der Heilige selbst sein Haupt einem Priester. Darüber ist Thomas' Himmelfahrt zu sehen. Die Rückseite des Kästchens weist geometrische Ornamente auf, die Schmalseiten bilden weibliche Heilige ab. Der Emailgrund leuchtet in kräftigem Blau.

Einen Sammlungsschwerpunkt bilden Kunstwerke der Renaissance. Zu den wichtigsten Malereien zählt eine Darstellung der heiligen Elisabeth zwischen zwei Aposteln von Barthel Bruyn (S. 100). Der niederrheinische Meister schildert Elisabeth in der Tracht des Franziskanerordens — graues Gewand und weißes Tuch. Über dem Kleid trägt sie einen grünen Umhang. Auf ihrem Haupt befindet sich eine Krone, auf der Bibel liegen zwei weitere. Die ikonographische Deutung der Kronen läßt zweierlei Schlüsse zu. Einerseits können die drei Attribute den drei Lebensumständen der Heiligen — Jungfrau, Gattin, Witwe — entsprechen, andererseits als ihre Positionen — ungarische Königstochter, Landgräfin und Heilige, von denen sie die beiden ersteren ablegte — gelten. Die zweite Bestimmung erscheint logischer. Elisabeth zur Seite stehen zwei Apostel, die sich durch ihre Attribute deuten lassen: links Philippus mit dem Kreuzstab, rechts Jakobus der Ältere, Schutzpatron der Pilger, mit Stab und Pilgerhut im Nacken. Die Gesichter strahlen Würde und Festlichkeit aus, die sich in der Haltung der Figuren fortsetzen. Auch der Hintergrund übernimmt die Stimmung der Personen. Den Felsen bekrönt eine Burg, im Mittelgrund erscheint ein Haus. Die in der Vergangenheit mehrfach vermutete Darstellung der Wartburg und des Armenhospitals kann nicht aufrechterhalten werden.

Einige Porträts des Freundes und Förderers Martin Luthers, Lucas Cranachs des Älteren, werden auf der Wartburg bewahrt. Der Grundstock der Sammlung stammt aus dem Nachlaß des schon erwähnten gleichnamigen Nachfahren und Burghauptmannes. Geldnöte und ein Erbvertrag, der der Burgverwaltung Vorkaufsrechte für bestimmte Bilder einräumte, stehen am Beginn der Kollektion. Einiges konnte später hinzuerworben werden. Die Madonna mit der Weintraube gehört zu den späten Arbeiten des Meisters (S. 103). 1930 war das Bild von den Erben des Burghauptmannes gekauft worden. Eine innige Beziehung zwischen Mutter und Kind wird vermittelt. Während Maria die Weintraube in der einen, das Jesuskind in der anderen Hand hält, reicht ihr der Sohn eine Weinbeere zum Mund. Recht eigenwillig ist die Körperhaltung des auf dem Schoß der Mutter stehenden unbekleideten Knaben. Zwei Engel füllen den oberen Bildrand und beschützen das Paar mit einem goldgesäumten Tuch. Cranachs Gemälde stellt die Wiederholung des Innsbrucker Marienbildes vom Altar der Jakobuskirche dar. Ein ganz ähnliches Bild hatte sich bis um 1910 auf der Wartburg befunden. Neben Maria und Christus war der kindliche Johannes dargestellt. Beide Kinder hielten einander freundlich zugewandt die Weintraube; die Kopfhaltung beider Marienfiguren stimmt fast völlig überein.

Ein bis zwei Jahrzehnte zuvor hatte Cranach eine junge Mutter mit Kind gemalt (S. 105). Auch dieses Bild befand sich im Besitz des Burghauptmannes. Ganz anders als das vorhergehende zeigt dieses Gemälde dem Betrachter eine junge Frau in der reichen Tracht des 16. Jahrhunderts. Hohe Bäume und eine Burganlage auf steilem Fels bilden die umgebende Szenerie. Cranachs Monogramm, die geflügelte Schlange, ist links unten zu sehen. Der Kunsthistoriker Max Friedländer bezeichnete dieses Bild als wichtigen Markstein in der künstlerischen Entwicklung Cranachs. Im Buschwerk unterhalb der Burg ist, fast nur mit der Lupe zu erkennen, ein unbekleideter, davonkriechender Mann zu sehen. Es ist der heilige Chrysostomos. Eine Königstocher hatte sich in der Wüste in die Höhle des einsam lebenden Heiligen verirrt. Sie wurde hier Mutter eines Kindes. Für sein Vergehen erfüllte Chrysostomos ein Gelübde. Er hatte unbekleidet auf Händen und Füßen zu kriechen. Schon 1509 war die Legende von Cranach in einem Kupferstich dargestellt worden.

Neben christlichen Mythologien sind es vor allem die realistischen Porträts Cranachs und seiner Werkstatt, die die Meisterschaft der Arbeiten bezeugen. Das Kurfürstentriptychon der Wartburg kann als das bedeutendste mehrerer Fassungen gelten (S. 106/107). Die drei Herrscher werden als Halbfiguren gezeigt. Friedrich der Weise in der Mitte ist wie seine Nachfahren mit Schaube, Mieder und Hemd bekleidet. Auf dem Haupt hat er ein Barett, die Kaiserkrone wird in der rechten Hand gehalten. Luthers Kurfürst, der den Reformator vor der Verfolgung rettete und auf der Wartburg in Sicherheit brachte, erscheint als kluger und gütiger Mann. Auffällig ist die Bezeichnung angebracht: das Monogramm »L.C.« und die Jahreszahl 1566, die das Triptychon als Werk des Monogrammisten der Cranach-Werkstatt ausweist. Nach Friedrichs Tod im Bauernkriegsjahr 1525 regierte der Bruder Johann der Beständige für sieben Jahre.

Lucas Cranach d. Ä.,
MADONNA MIT DER WEINTRAUBE,
nach 1540

Sein Porträt ist auf der linken Tafel zu sehen. Schließlich wurde Johann Friedrich der Großmütige Kurfürst von Sachsen (gest. 1554), den die rechte Bildtafel zeigt. Alle drei Herrscher unterstützten Luthers Bewegung und sind als Reformationsfürsten in die Geschichte eingegangen.

Die vielleicht besten Porträts Lucas Cranachs d. Ä. sind die Bildnisse der Eltern Martin Luthers (S. 108, 109). Schon 1841 konnte sie die Großherzogin in der Kunsthandlung Heberle in Köln erwerben. Daß beide Bilder aus der Hand des Meisters stammen, wird auch dem weniger geübten Betrachter einleuchten. Die ausdrucksstarken Gesichter zeigen Menschen aus dem Volk, ganz so wie jene, für die der Sohn die Bibel übersetzt hatte. 1527 besuchten beide Martin Luther in Wittenberg. Wahrscheinlich saßen sie dem Künstler während dieses Aufenthaltes Modell. Cranach hat sie gemalt, wie sie offensichtlich wirklich waren, einfache arbeitende Leute des 16. Jahrhunderts, ohne jede Glorifizierung. Der mit Stolz getragene Pelzkragen des Vaters und das große weiße Kopftuch der Mutter, das würdevoll weit über die Schultern herabhängt, zeugen dennoch vom Selbstbewußtsein beider Menschen. Die ineinandergelegten Hände strahlen ebenso wie die Körperhaltung Ruhe und Zufriedenheit aus. Die Inschriften an den oberen Bildrändern sind später hinzugefügt worden. Sie datieren den Tod der Eltern; Hans Luther starb 1530, die Mutter ein Jahr und einen Tag darauf. Die Porträts werden ergänzt durch eine Fassung der sogenannten Hochzeitsbilder Martin Luthers und der ehemaligen Zisterziensernonne Katharina von Bora (S. 52, 53). Sie weisen bei weitem nicht die Qualität der Porträts der Eltern auf. Doch nicht nur die Freunde und Verwandten Luthers, auch die Gegner waren Objekt künstlerischer Widerspiegelung. So zählt beispielsweise ein Bildnis Georgs des Bärtigen mit dem Orden des Goldenen Vlieses, des unerbittlichen Kämpfers gegen Reformation und Täufertum, zur Sammlung.

Die Plastik ist durch wenige Kunstwerke vertreten. Zu den frühen Stücken gehört ein fränkisches Vesperbild aus dem ausklingenden 15. Jahrhundert (S. 99). Die Lindenschnitzerei zeigt eine trauernde Maria, die den Leichnam eines völlig entkräfteten, ja hageren Christus auf dem Schoß hält. Der weit über den Kopf geschlagene Umhang soll den toten Sohn beschützen und vermittelt ein geschlossenes, intimes Bild. Trotz einiger fehlender Teile stellt die Plastik eine sehr menschliche, verinnerlichte Form der Pietà, der Marienklage, dar. Im Gegensatz zum Andachtsbild des 14. Jahrhunderts, das Maria als gebrochene Frau mit schmerzverzerrtem Ausdruck wiedergibt, wird hier die Vesper des Karfreitags als Stunde der Erinnerung,

Lucas Cranach d. Ä.,
JUNGE MUTTER MIT KIND,
um 1525

da die Madonna ihren Sohn als Kind auf dem Schoße hielt, verdeutlicht. Dem entspricht auch der Größenvergleich der beiden Figuren; Maria wirkt wesentlich mächtiger als der tote Sohn.

Die umfangreiche textile Sammlung umfaßt nahezu 300 Objekte. Ihre frühesten Zeugnisse stammen aus dem 13. Jahrhundert. Ältestes Stück ist ein Halbseidengewebe aus Regensburg mit der Darstellung der Geburt Christi (S. 111, oben). Es war 1897 aus der Kirche in Veitsberg an der Elster angekauft und im Folgejahr in Weimar restauriert worden. Um das ovale Lager Marias, eine Mandorla, gruppieren sich Joseph, ein Hirte mit Hut und Stab und zwei Engel. Christus liegt gewickelt in einer prächtigen Krippe, flankiert von »Ochs und Esel«. Über allem leuchtet der Stern von Bethlehem. Die seitenverkehrte Buchstabenstickerei »nativitas d(omi)ni« verweist auf die Geburt des Herrn.

Zu den bedeutendsten Textilien zählen süddeutsche Teppiche des 15. Jahrhunderts.

*Cranach-Werkstatt,
Monogrammist
L.C.,*
*KURFÜRSTEN-
TRIPTYCHON,*
1566

Aus der Ettlinger Sammlung in Würzburg konnte der Burghauptmann Bernhard von Arnswald 1868 einen Bildteppich mit der Darstellung von Tieren und Fabelwesen erwerben (S. 111, unten). Der
rote, gelb berankte Hintergrund eröffnet eine scheinbar endlose
Bildfolge. Je zwei Tiere stehen sich paarweise an stilisierten Bäumen
gegenüber. Zum einen sind es zwei wirklich existierende Geschöpfe,
Löwe und Hirsch. Zum anderen sind es zwei Fabelwesen, Greif und
Einhorn. Phantasievoll ergänzen kleine Tiere und Blumen des Waldes in geometrischen Bögen die Szenerie am Boden. Der weiß-blaue
Streifen am oberen Teppichrand stellt Himmel und Wolken dar. Die
Farbgebung ist kräftig, das Material gut erhalten. Rot, Grün, Gelb
und Schwarz dominieren.

Diese Tiere und Fabelwesen sind die bevorzugten Gestalten der dekorativen Kunst des ausgehenden Mittelalters. Der Löwe steht für
Macht und Stärke, der Hirsch bedeutet Schnelligkeit. Greif und Einhorn symbolisieren Wachsamkeit und Keuschheit. Das um 1450 ge-

Lucas Cranach d. Ä.,
HANS LUTHER,
1527

Lucas Cranach d. Ä.,
MARGARETHE LUTHER,
1527

wirkte Stück besteht aus zwei Teilen. Sicher waren auch sie nur Bestandteil eines breiten Teppichfrieses, von dem nur jene beiden Elemente erhalten blieben.

Mitte des 15. Jahrhunderts entstand der süddeutsche oder Schweizer Teppich mit Szenen aus der Elisabethlegende (S. 113). Diese Szenen beziehen sich auf die Marburger Zeit nach dem Weggang der Landgräfinwitwe von der Wartburg. Durch drei schlanke Säulen erfolgt eine Vierteilung des Bildwerkes, wobei die Flächenverteilung von links nach rechts abnimmt. Dargestellt sind die täglichen Arbeitsabläufe, die Elisabeth im dritten Orden des heiligen Franziskus zu absolvieren hatte. Ankömmlinge unterbrechen die Tätigkeiten. Der linke Teppichabschnitt zeigt die Heilige beim Spinnen von Flachs für die Armen. Zwei Kinder sitzen zu ihren Füßen. Das eine rechnet mit Kugeln, das andere lernt auf einer Tafel schreiben, auf der Buchstaben verzeichnet sind. Vor der Witwe steht ein Abgesandter des Vaters, des ungarischen Königs Andreas II. Jener war mit vier Edelleuten zu Pferd nach Marburg gekommen, um Elisabeth zur Rückkehr in das väterliche Haus zu bewegen. Die gotischen Spruchbänder unterstreichen die Aussage.

Die Historie bezeugt jedoch, daß das Angebot nicht angenommen wurde. Elisabeth blieb dem Orden und ihrer Aufgabe treu. In der ungefähren Teppichmitte ist der Empfang der Boten des Schwagers, Landgraf Heinrich Raspes IV., zu sehen. Er läßt der Landgräfin ihr Erbteil überbringen, einen Kasten, der mit großen Goldstücken prall gefüllt ist. Die Botschaft des Landgrafen übermittelt das Spruchband: »Diesen Schatz sendet euch euer Schwager Graf Heinrich; das soll Niemanden verdrießen, die Armen sollen es genießen.« Wieder ist der Bote mit vier Berittenen erschienen, wieder sitzen zwei Kinder zu Elisabeths Füßen. Das eine hält ein Gefäß in der rechten Hand, das andere spielt mit einer Katze. Der dritte und vierte rechte Abschnitt (S. 113) gibt die Arbeit im Hospital wieder. So wird die Heilige bei mehreren barmherzigen Taten geschildert. Einem Bedürftigen reicht Elisabeth einen Mantel. Am Krankenbett füttert sie einen Genesenden. Daneben werden zwei Hungrige gespeist.

Als Arbeit der Werkstatt des bedeutendsten deutschen Bildschnitzers des beginnenden 16. Jahrhunderts, Tilmann Riemenschneider (1455/60—1531), gilt der Leuchterengel (S. 114). Seine volksnahen und lyrischen Figuren unterscheiden sich bereits in einigen Elementen von der spätgotischen Plastik. Riemenschneiders Werk steht am Beginn der Neuzeit. Feine Licht-Schatten-Wirkungen und die geschlossene Form der Bildwerke zeugen von der Meisterschaft des Künstlers und seiner Werkstatt. Die Haltung der Figur erscheint

HALBSEIDENGEWEBE,
Regensburg, Ende 13. Jahrhundert

TEPPICH MIT TIEREN UND FABELWESEN
(Detail), Süddeutschland, Mitte 15. Jahrhundert

durchaus noch gotisch. Die Hände sind feingliedrig gestaltet, der Ausdruck ist tief verinnerlicht. Ähnlichkeiten zur Figurengruppe des Dettwanger Altares lassen auf eine Entstehung um 1500 schließen. Auch die Marienplastik (S. 115) hat Bezüge zum genannten Altar und entspricht sogar einer Figur der Kreuzigungsgruppe. Der sogenannte S-Schwung der Gestalt ist ausgeprägt und wird durch einen von Kopf bis Fuß durchgängigen Umhang betont. Die trauernde Madonna stammt mit Sicherheit nicht von der Hand Riemenschneiders. Sie ist eine Werkstattarbeit oder eine zeitgenössische Adaption der Dettwanger Maria aus der ersten Hälfte des 16. Jahrhunderts.

Das kunsthandwerkliche Spektrum dieser Zeit bildet einen weit gefächerten Bestandteil der Sammlungen. Neben Glas und Keramik sind es vor allem kunstvoll gestaltete Gebrauchsgegenstände aus verschiedenen Metallen, Gefäße, Leuchter, Bestecke, Humpen und Pokale. Kästchen, Laden und kleine Schränkchen, oft mit gravierten Metalltafeln belegt, gehören ebenso dazu.

Ein hervorragendes Beispiel ist ein Schmuckschränkchen (S. 116) des Hauptmeisters der Nürnberger Goldschmiedezunft Wenzel Jamnitzer. Die Türen der Vorderseite sind mit durchbrochenem vergoldeten Blech belegt. Innen stellen sie links den Evangelisten Johannes inmitten der Ältesten der Offenbarung, kniend vor Gottvater, mit dem Lamm zwischen den Evangelistensymbolen dar. Auch die rechte Tür ist durch eine mythologische Szene, eine apokalyptische Vision, gestaltet. Darüber sind jeweils zwei antikisierende Porträts in Form von Medaillons zu sehen. Hier erscheint auch die Datierung — die Jahreszahl 1575. Hinter den Türen befinden sich zehn Schubfächer, die um ein weiteres Türchen gruppiert wurden. Die Türen sind abschließbar und durch raffiniert versteckte Verschlüsse gesichert. Unten läßt sich ein Schubfach herausziehen, auch die Deckfläche kann wie ein Etui aufgeschoben werden. Nach Öffnung der gesamten Haube erscheint ein großes Schmuckfach. Die Innenseite des Deckels zeigt die Ermordung Abels. Die Inschrift lautet:

»Kain schlug seinen Bruder todt
Gott strafet ihn das er lieff in Not
sein Lebtag zitternd hin und her
an Gottes Gnad verzweifelt er.«

Hier erscheint die Datierung erneut, ebenso wie die Signatur des Meisters. Das mehr als 50 Zentimeter hohe Schränkchen gehört zweifellos zu den besten Arbeiten Jamnitzers und kann sich durchaus mit den in Dresden und München aufbewahrten Stücken messen.

ELISABETHTEPPICH
(Detail), Süddeutschland/Schweiz, Mitte 15. Jahrhundert

Auch zwei hervorragende Musikinstrumente des 15. Jahrhunderts fanden in der Sammlung Platz. Die Legende vom sagenhaften Sängerkrieg auf der Wartburg war durch die Romantiker aufgenommen worden, sei es durch die Sammlung Thüringer Sagen, die der Meininger Hofbibliothekar Ludwig Bechstein 1835 herausgab, sei es durch Richard Wagners Oper »Tannhäuser«. Das Musikinteresse der großherzoglichen Familie war groß. Franz Liszt wurde als Hofkapellmeister nach Weimar engagiert und hat Ritgen Hinweise für die Gestaltung des Festsaales des Palas auch unter akustischen Aspekten gegeben. Zur Achthundertjahrfeier sollte der Komponist hier auf der Wartburg sein Oratorium »Die Legende von der heiligen Elisabeth« aufführen.

Riemenschneider-Werkstatt,
TRAUERNDE MADONNA,
Lindenholz, erste Hälfte 16. Jahrhundert

Wenzel Jamnitzer (15o8—1585),
SCHMUCKSCHRÄNKCHEN,
Nürnberg, 1575

So entstand der Gedanke, in die Sammlung auch Instrumente ein-
zubeziehen, von denen einige in Wartburgbesitz gelangten.

Aus Bechsteins Nachlaß war 1860 eine Mandora, ein Lauteninstrument des Nürnberger Meisters Hans Ott, das um 1450 entstand, angekauft worden (S. 119). Im gleichen Jahr wurde auch die Tiroler
Harfe mit Certosinamosaik, ebenfalls um 1450 entstanden, in Augsburg erworben (S. 118). Die langgezogene schmale Form der Harfe
unterscheidet sich deutlich von den kurzen und breiten Instrumenten
des hohen Mittelalters. Ein ähnliches Exemplar ist beispielsweise auf
einem Gemälde Hans Memlings in Antwerpen und auf einem Mari-
enbild des Künstlers in Paris wiederzufinden. Die mehr als einen Meter hohe Harfe wurde sitzend oder kniend gespielt und saß dabei auf
dem Boden auf. Das ausgesprochen seltene Instument gilt als das
künstlerisch hervorragendste seiner Art überhaupt. Die Säule und
der Resonanzkörper sind mit farbigen Bein- und Edelholzeinlagen in
geometrischen Mustern intarsiert. Aus dem Orient kam diese Tech-
nik nach Oberitalien, dem Herkunftsgebiet der Wartbugharfe. Dennoch wird vermutet, daß die Mosaikarbeiten ursprünglich nicht vor-

handen waren und eine erst spätere Anbringung denkbar ist. Ganz
oben an der Säule ist ein Wort eingelegt: »WANN«. Daß sie deshalb
dem letzten fahrenden Dichter, dem Minnesänger Oswald von Wol-
kenstein, dessen Wahlspruch dieses Wort einleitete, gehört habe,
muß bezweifelt werden. Allerdings könnte er durchaus auf einer solchen Harfe gespielt haben. Auf der Burg Hauenstein in Tirol verbrachte Oswald seinen letzten Lebensabschnitt.

Das bereits erwähnte Lauteninstrument aus Ahorn und Fichte ist
zehnsaitig. Besonders auffällig sind die filigranen Schallochschnitze-
reien. Fischblasen ordnen sich zu einem Ring von Dreipässen und
rahmen eine versenkte Mittelrosette ein. Im Inneren des birnenför-
migen Resonanzkörpers befindet sich ein Zettel mit der Signatur:
»Hans Oth. Nuremberg«. Ott war einer der bedeutendsten Lauten-
macher des 15. Jahrhunderts. Sein Schaffen ist zwischen 1434 und
1463 in Nürnberg nachweisbar.

HARFE,
Tirol, um 1450

Hans Ott,
MANDORA,
Nürnberg, um 1450

Aus der gleichen Zeit stammt auch das bedeutendste Möbelstück der Sammlungen. Der sogenannte Dürerschrank (S. 121) ist ein zweigeschossiger spätgotischer Schrank, der zwischen 1510 und 1515 entstand. Die Türfüllungen und seitlichen Lisenen weisen ebenso wie die dekorativen Schnitzereien hervorragende Arbeiten einer süddeutschen Schreinerwerkstatt auf. Der Schrank kann ganz sicher zu den schönsten Möbeln gezählt werden, die das Kunsthandwerk dieser Zeit hervorbrachte.

Der Name des Schrankes geht auf die Vorlagen für die figürlichen Schnitzereien zurück. Vier Kupferstiche Albrecht Dürers, »Apoll und Diana« (1504), »Die Eifersucht» (1500), »Die vier Hexen« (1497) sowie die »Satyrfamilie« (1505), dienten dem Schnitzer als Vorbild für die Türfüllungen. Für die Lisenen wurden weitere Dürer-Grafiken, Cranachs Holzschnitt »Der Sündenfall« (1509) und eine Reihe von Bronzereliefs des italienischen Goldschmiedes Moderno (um 1500) übertragen.

Das gotische Rankenwerk ist virtuos durchbrochen geschnitzt, die künstlerische Qualität der Holzbearbeitung außerordentlich hoch. Bis auf den Sockel ist die originale Substanz nahezu komplett. Die Plastizität des Kranzgesimses, des Zwischenstückes mit den Schubfächern und der vertikalen seitlichen Elemente wie auch der Reliefs ergibt ein belebendes Spiel von Licht und Schatten. Kontrastreich stehen die farbigen Hintergründe dagegen.

Die Sammelleidenschaft des Hauses Sachsen-Weimar-Eisenach beschränkte sich nicht ausschließlich auf ausgewählte Einzelstücke. Während Hugo von Ritgens Tätigkeit auf der Wartburg wurden auch Teile von Möbeln, gotische Maßwerkschnitzereien und Füllungen auf Böden gefunden. Andere Fragmente kaufte man an. Danach wurden diese wieder zu Truhen und Schränken zusammengefügt. Fehlende Teile wurden ergänzt.

Doch sogar ganze Räume und Architekturteile waren zur »Verschönerung der Wartburg« erworben worden. Beispielsweise stammt das Studierstübchen des Humanisten Willibald Pirckheimer aus dem alten Imhoffschen Hause am Egydienplatz in Nürnberg. Der ganz und gar aus Holz bestehende schmale Raum im »altdeutschen Style Dürers« vermittelt ein wenig von der Stimmung eines gotischen Innenraumes und läßt den Betrachter an die Darstellungen des heiligen Hieronymus in seinem Gehäuse denken.

Weitaus größer ist das Schweizer Zimmer (S. 122), das aus dem Schloß Cruche bei Chur stammt und 1682 entstand. Großherzog Carl Alexander hatte es 1864 dem Vorbesitzer Fürst von Salis-Soglio abgekauft. Hinzu kam ein Fayenceofen aus dem Jahre 1689, ein quali-

DÜRERSCHRANK,
Nürnberg, 1510—1515

tätvolles Erzeugnis der berühmten Keramikerfamilie Pfau aus Winterthur. Der Turmofen besteht aus einem kompakten Unterbau auf Konsolfüßen, einem sechseckigen Aufbau und einer Bekrönung aus durchbrochenen Kacheln. Allegorische und alttestamentliche Szenen bestimmen die Darstellungen auf den großen Fayenceplatten. Das links im Raum stehende alpenländische Schrankunterteil entstand um 1500.

Schließlich war 1872 an die Vogtei am südlichen Giebel ein gotischer Erker angefügt worden, der beim Abriß des Harsdörferschen Hauses in Nürnberg geborgen werden konnte. Die reiche Ornamentik des Bauteiles harmoniert nicht recht mit dem schlichten Fachwerkbau späterer Zeit. Bei der in den dreißiger Jahren unseres Jahrhunderts fälligen Erneuerung wesentlicher Teile war lange über eine Entfernung beraten worden. Für den wiederkehrenden Wartburggast hingegen ist der Erker nicht wegzudenken, gehört er doch zu den romantischsten Bereichen der Burg.

Diese Elemente und Räume sowie die wichtigsten Kunstgegenstände sind im Museum der Wartburg untergebracht. Die ständige Ausstellung auf der Burg muß der Synthese von Kunst- und Geschichtsvermittlung Rechnung tragen. Dabei spielen drei Höhepunkte — die Blüte der höfisch-ritterlichen Kultur um 1200, Martin Luthers Wartburgaufenthalt 1521/22 sowie die Wiederherstellung der Burg im 19. Jahrhundert unter Ritgen und Carl Alexander — eine wesentliche Rolle.

Die wichtigsten Kunstwerke sind im Palas, durch den der Besucher von einem Führer begleitet wird, und in den Ausstellungsräumen in der Neuen Kemenate, in der Dirnitz und in der Vogtei zu besichtigen.

Wenn der Gast nach mehr als einer Stunde die Räume wieder verläßt, bleibt ihm die Wartburg mit ihrer mehr als 900jährigen Geschichte in hoffentlich angenehmer Erinnerung.

Der ältere Besucher, der die Burg seit Kriegsende nicht mehr aufgesucht hat, wird die einmalige Rüstsammlung vermissen. Zu Beginn des 19. Jahrhunderts war sie, wie bereits erwähnt, auf die Wartburg gebracht worden und erhielt in den folgenden Jahrzehnten Zuwachs. Der Bau der Dirnitz war eigens für diesen wichtigen Sammlungsbestand betrieben worden. Der Saal reichte über zwei Geschoßhöhen. Ausgestellt wurden mehr als 800 Exponate, darunter viele prunkvolle Harnische, Schilde und Helme, Roß- und Hundepanzer. Der Bestand war an Qualität den großen internationalen Sammlungen ebenbürtig. Im Herbst 1945 mußte die Rüstsammlung geschlossen werden. Ihr Abtransport erfolgte im Februar des Folgejahres. Seither ist sie verschollen.

Da den Museen oder Auktionären in den letzten Jahrzehnten kein Teil dieser Bestände angeboten wurde, besteht die berechtigte Hoffnung, daß die Rüstsammlung der Wartburg noch weitgehend komplett irgendwo auf der Welt existiert. Inzwischen wurde eine internationale Fahndung eingeleitet.

Bleibt zu wünschen, daß sie Erfolg hat und die Rüstungen irgendwann wieder als Bekrönung der Kunstsammlungen der Wartburg präsentiert werden können.

WEGE ZUR WARTBURG

Victor von Scheffel hatte im vorigen Jahrhundert schwärmerisch gedichtet:

>»Wo ich streife, wo ich jage
> bleibt ein Wunsch mir ungestillt,
> weil ich stets im Sinne trage,
> Wartburg deiner Schönheit Bild.
> In des Forsts umlaubten Grunde,
> in der Thalschlucht dunklem Graus
> sehnt das Aug' zu jeder Stunde
> sich nach Dir, mein ›Herz-ruh-aus‹!«

Auch Johann Wolfgang von Goethe war es einige Jahrzehnte zuvor ähnlich ergangen, wie er an Charlotte von Stein schrieb (s. Seite 66). Die alten und neuen Gästebücher weisen viele Eintragungen aus, die nicht nur die Wartburg, sondern auch ihre reizvolle Umgebung preisen.

Egal, aus welcher Richtung der Reisende nach Eisenach kommt, von weither schon grüßt ihn die Burg der Thüringer Landgrafen. Bei gutem Wetter bietet die Plattform des Südturms eine weite Aussicht. Vom Inselsberg über die Rhön bis hin zum Hohen Meißner erstreckt sich der Rundblick. Die langgezogenen Hörselberge erinnern an Frau Venus und Wagners Tannhäuser. Der Ausblick von der der Zugbrücke vorgelagerten Schanze läßt das Auge über ganz Eisenach schweifen. Nur der Metilstein, wenige hundert Meter Luftlinie vom Burgfelsen entfernt, unterbricht den optischen Ausflug. Hier soll die Feste der Frankensteiner gestanden haben, denen Ludwig der Springer das Land raubte.

Das ehemalige Hospital der heiligen Elisabeth soll nach der Überlieferung im Norden, gleich unterhalb des Burgberges gestanden haben. Es ist die gleiche Stelle, wo sich der Elisabethbrunnen und eine ältere Stützmauer befinden. Der Besucher, der die Fahrstraße benutzt, kommt daran linker Hand kurz vor der Eselstation vorbei.

Esel waren es, die das Wasser hinauftragen mußten. In den heißen Sommermonaten, wenn der Brunnen am Elisabethhospital ver-

DIE WARTBURG AUS NORDÖSTLICHER RICHTUNG

siegte, stiegen sie über den Schloßberg herab, um in der Stadt oder an den Hainteichen im Helltal das lebensnotwendige Naß zu holen. Heute können sich die Kinder in der warmen Jahreszeit an einem Ritt auf den Grauen erfreuen.

Unterhalb des alten Wagenhalteplatzes steht der Velsbachstein, den nur der kundige Wanderer findet. Wegen seiner Widerspenstigkeit war der Eisenacher Ratsherr Heinrich Velsbach, der im Erbfolgekrieg mit Sophie sympathisierte und laut gerufen haben soll »Thüringen gehöret doch dem Kinde von Brabant!«, durch Heinrich den Erlauchten verurteilt worden. Mit einer Blide, einer Wurfmaschine, hatte man ihn der Legende nach von der Burg ins Tal geschleudert. Die Sage berichtet weiter, daß der Stein die Stelle kennzeichnet, an der der Ratsherr aufschlug. Weiter heißt es, daß derjenige, der dreimal um den in schräger Lage aufgestellten Block herumgehen könne, ohne sich festzuhalten oder auf den Boden zu greifen, von der Stadt Eisenach einen silbernen Löffel erhielte. Am oberen Ende des Helltals, dort, wo die Chaussee eine scharfe Kurve beschreibt, steht der Cranachstein. In tiefer Verehrung für den Schloßhauptmann Hans Lucas von Cranach, der 35 Jahre lang bis 1929 auf der Wartburg tätig war, ist er Anfang der dreißiger Jahre errichtet worden.

Wer von der Stadt aus zu Fuß — und das sei jedem Besucher empfohlen — zur Wartburg gelangen will, wird durch reizvolle Wanderwege belohnt.

Vom Schwarzen Brunnen, der an eine Pulverexplosion, verursacht durch die fliehenden napoleonischen Truppen, mit verheerendem Großbrand am Ende der Befreiungskriege erinnert, führt der Schloßbergweg unweit des Marktes schnurgerade hinauf zur Eselstation. Links davon gelangt man auf dem Burgweg durch den Hainstein vorbei an prächtigen Villen der Vergangenheit zum gleichen Ziel in weniger als einer halben Stunde.

Besonders zu empfehlen ist der Weg entlang des Helltals, der nach dem Mecklenburger Dichter und Burschenschafter Fritz Reuter genannt ist. Vom Stadtzentrum aus gelangt der Besucher über die südöstliche Marktecke zum Lutherhaus, dem Wohngebäude der Familie Cotta, in dem der Lateinschüler Martin Luther Beherbergung fand. Durch die nach ihm benannte schmale Straße führt der Weg den Gast zum Frauenplan, auf dem sich das Bachhaus mit reichem Musikinstrumentenbestand befindet. Johann Sebastian Bach war 1685 in Eisenach geboren worden. Das Museum lädt ein, sich über das Leben der berühmten Komponistenfamilie zu informieren. Durch die anschließende Marienstraße wird der Reuterweg erreicht. Der Dichter hatte seine letzten Lebensjahre in Eisenach verbracht und sich unterhalb der Wartburg eine Villa im römischen Stil erbauen lassen (S. 128). Auch sie ist Museum und beherbergt neben den Wohnräumen Reuters die zweitgrößte Richard-Wagner-Sammlung der Welt.

Die Stadt Eisenach, die um 1170 von den Ludowingern unweit wichtiger Handelsstraßen gegründet wurde, erlebte bald eine wirtschaftliche und kulturelle Blüte. Mehrere Stadtbrände verursachten aber, daß nur wenige mittelalterliche Bauten erhalten blieben.

Das östliche Tor, das Nikolaitor, ist das älteste romanische Stadttor Thüringens. Daneben befindet sich die ehemalige Benediktiner-Nonnenkirche St. Nikolai, eine flachgedeckte spätromanische Basilika, die Ende des 19. Jahrhunderts mit einigen Eingriffen restauriert wurde. Auch sie ist das Werk der Steinmetzen der Palas-Bauhütte der Wartburg. 1190 wurde die Marktkirche St. Georg gegründet. Erst Anfang des 20. Jahrhunderts erhielt sie ihren Turm mit neubarocker Haube. In der Georgenkirche sind die Thüringer Landgrafen beigesetzt. 1235 war die Predigerkirche entstanden. Nach 1900 bereits war sie zum Museum ausgebaut worden. Heute beherbergt sie eine wertvolle Sammlung Thüringer Schnitzplastik.

Erhaltene alte Profanbauten sind selten. Rathaus und Ratsapotheke stammen aus dem 16. Jahrhundert, das fürstliche Schloß, ehe-

ANSICHT DER WARTBURG
vom Kartausgarten

mals mit prächtiger Rokokofassade verziert, aus der Zeit um 1745.

Doch schon immer stand die alte Ackerbürgerstadt mit ihren Kirchen und Klöstern im Zeichen der Burg, der sie bis heute ihre Bedeutung verdankt.

Den besten Blick zur Wartburg genießt der Betrachter vom Kartausgarten oder vom Burschenschaftsdenkmal auf der Göpelskuppe.

LITERATURVERZEICHNIS

Albrecht, Wolfgang: Hier wohn' ich nun Liebste . . . Eisenach, 1986

Asche, Siegfried: Die Wartburg, Geschichte und Gestalt. Berlin, 1962

Bechstein, Ludwig: Der Sagenschatz und die Sagenkreise des Thüringerlandes. Hildburghausen, 1835

Brunos Buch vom Sachsenkrieg. In: Quellen zur Geschichte Kaiser Heinrichs IV. Berlin, o. J.

Friedländer, Max J.: Meisterwerke der Kunst aus Sachsen und Thüringen. o. O., 1905

Gabelentz, Hans von der: Die Wartburg. München, 1931

Hintzenstern, Herbert von: Martin Luther. Briefe von der Wartburg. Eisenach, 1984

Lemmer, Manfred: Thüringen und die Literatur des hohen Mittelalters. Eisenach, 1981

Noth, Werner: Die Wartburg. Leipzig, 1983

Patze, Hans: Die Entstehung der Landgrafschaft Thüringen: 1. Teil. Köln; Graz, 1962

Ritgen, Hugo von: Gedanken über die Restauration der Wartburg (Manuskript). Eisenach, Wartburg-Archiv, 1847

Rothe, Johannes: Düringische Chronik / Hrsg. von Rochus v. Liliencron. Jena, 1859

Scheffel, Joseph Victor von: Frau Aventiure. Stuttgart, 1863

Schildt, Joachim: Martin Luther und die deutsche Bibel. Eisenach, 1983

Simon, Carl Alexander: Die Wartburg. Eine archäologische Skizze (Manuskript). Weimar, Staatsarchiv, o. J.

Simon, Karl: Zur Datierung des Landgrafenhauses auf der Wartburg. In: Der Burgwart. o. O., III (1902) 4

Steiger, Günter: Aufbruch. Urburschenschaft und Wartburgfest. Leipzig; Jena; Berlin, 1967

Voß, Georg: Die Wartburg. In: Bau und Kunstdenkmäler Thüringens. Jena (1917) 41

Wartburg-Jahrbücher des Freundeskreises der Wartburg. Eisenach, 1923-1938

Das Wartburg-Werk. Die Wartburg — ein Denkmal deutscher
Geschichte und Kunst / Hrsg. v. Max Baumgärtel. Berlin, 1907
Wessel, Klaus: Das Wartburgfest der deutschen Burschen-
schaften. Eisenach, 1954
Wessel, Klaus: Luther auf der Wartburg. Eisenach, 1954

Schuchardt, Günter:
Die Wartburg Eisenach/Autor: Günter Schuchardt.
— 1. Aufl. — Leipzig: Edition Leipzig,
1990. — 130 S.: 86 Ill. (z.T. farb.)
(Reiseziel Museum)
ISBN 3-361-00334-2

Autor: Günter Schuchardt

©Edition Leipzig 1990
Fotos: Constantin und Klaus G. Beyer; zusätzliche Aufnahmen
von Friedrich-Schiller-Universität/B. Backhaus, Jena S. 39,
Günter Pambor, Erfurt, S. 74, 80/81, Eberhard Renno, Weimar, S. 54,
Wartburg-Archiv, Eisenach, S. 4/5, 58, 92, 93, 128
Printed in West Germany by Lorenz Ellwanger, 8580 Bayreuth
ISBN 3-361-00334-2